...NTS DU COEUR,

PAR

M. L'ABBÉ BOUDANT,

PRÊTRE DU DIOCÈSE DE MOULINS,

DEUXIÈME ÉDITION, REVUE, CORRIGÉE ET CONSIDÉRABLEMENT AUGMENTÉE PAR L'AUTEUR.

MOULINS,
IMPRIMERIE DE P.-A. DESROSIERS.

1859.

CHANTS DU COEUR.

CHANTS DU COEUR,

PAR

M. L'ABBÉ BOUDANT,

PRÊTRE DU DIOCÈSE DE MOULINS,

DEUXIÈME ÉDITION, REVUE, CORRIGÉE ET CONSIDÉRABLEMENT
AUGMENTÉE PAR L'AUTEUR.

MOULINS,

IMPRIMERIE DE P.-A. DESROSIERS.

—

1859.

A LA MEILLEURE DES MÈRES.

A qui mieux qu'à vous pourrai-je dédier ces premiers essais de ma muse ? C'est vous, mère pieuse, qui, dès ma plus tendre enfance, m'avez appris à bégayer le nom de ce bon père que nous avons dans le ciel ; c'est vous qui m'avez parlé la première de cette Vierge auguste à qui l'on ne peut plaire que par l'innocence et la candeur. Avec quelle douceur votre voix, pleine de cette onction persuasive qui vient du cœur d'une mère, aimait à déposer dans ma jeune ame le germe de ces vertus précieuses dont vous étiez à mes yeux le vivant modèle !...

Aussi, lorsque devenu grand, j'ai voulu chanter à

Dieu quelques-uns de ces hymnes d'amour que je sens vibrer au-dedans de moi, je n'ai eu besoin que de me rappeler vos accens : accens si doux qu'ils retentissent encore à mon oreille avec tout leur charme et toute leur poésie. Ce travail vous appartient donc tout entier. Puisse-t-il vous plaire, ô mère que j'aime tant!... La gloire pour moi n'est rien ; tout ce que j'ambitionne, c'est d'attacher à votre nom une fleur de reconnaissance, une fleur qui vienne, comme celle des champs, répandre son parfum sur les autels de cette religion sainte que vous m'avez enseignée.

LIVRE PREMIER.

Chant Premier.

BONHEUR DE LA VERTU.

CHANT PREMIER.

BONHEUR DE LA VERTU.

AIR : N°s 1 ET 42.

Heureux celui qui se consume
Dans les délices de son Dieu,
Comme l'encens pieux qui fume
Aux tabernacles du saint lieu !

Plus rapide que l'hirondelle,
L'ame brûlante du chrétien
Toujours va rasant de son aile
Les voûtes du temple divin.

Et là, voyez comme elle prie,
Comme elle prie avec bonheur ;
On la croirait au ciel ravie
Dans le sein même du Seigneur.

Oh ! qui redirait tous les charmes
D'un cœur aimant et vertueux ?
Il goûte, au sein même des larmes,
Les voluptés des bienheureux.

Le mondain boit à pleins calices
Aux sources d'un fleuve infecté ;
Mais lui s'abreuve avec délices
Aux sources de l'éternité...

Comme le son qui s'évapore
Et remonte joyeux au ciel,
Aussitôt que l'orgue sonore
A chanté l'hymne de l'autel.

Ainsi, mon Dieu, l'ame innocente
Verra venir son dernier jour ;
Et, comme une voix expirante,
Elle s'éteindra dans l'amour.

Les Séraphins, aux blanches ailes,
Viendront l'accueillir dans leurs mains,
Et des collines éternelles
Pour elle aplanir les chemins.

Les Vierges que le ciel admire,
Ces Vierges, belles de pudeur,
Viendront d'un gracieux sourire
Saluer leur nouvelle sœur.

Heureux celui qui se consume
Dans les délices de son Dieu,
Comme l'encens pieux qui fume,
Aux tabernacles du saint lieu !

Je t'aime, oh! oui, mon Dieu, je t'aime,
Je veux pour toi vivre et mourir...
Que je t'aime, ô beauté suprême,
Jusques à mon dernier soupir !...

Je suis un enfant d'harmonie,
Je vis d'innocence et d'amour,
Mais l'air manque à ma jeune vie,
Il me faut un autre séjour.

Heureux celui qui se consume
Dans les délices de son Dieu,
Comme l'encens pieux qui fume,
Aux tabernacles du saint lieu !...

II.

LES TOURMENS DU PÉCHEUR.

AIR : N° 6.

Malheur ! malheur ! malheur ! ! Ah ! mon bras sacrilége
Dans son délire osa s'attaquer jusqu'à Dieu !
Mais ce Dieu s'est levé, sa vengeance m'assiége,
  Son bras me poursuit en tout lieu.

Depuis ce jour maudit, où ma lèvre imprudente
A bu le vin amer que boivent les pécheurs,
Ainsi qu'un sourd volcan, une soif dévorante
  Me consume de ses fureurs.

Le remords est tombé plus brûlant sur mon ame
Qu'un acide mordant, qu'un poison corrupteur ;
Le remords a séché d'une invisible flamme
  Toutes les fibres de mon cœur.

Voyez ce grand palmier qui plane sur la grève...
L'insecte l'a rongé, comme moi le remord ;
Plus de fleurs aujourd'hui, plus de fruits, plus de sève:
    Il est debout, mais il est mort.

En vain, chaque matin, la jeune et douce aurore
Répand sur ses rameaux des fleurs avec amour,
Son feuillage si frais bientôt se décolore,
    Bientôt est fané sans retour.

Ainsi du Dieu vengeur l'invisible tempête
A passé sur mon front dans son rapide essor,
Et, brisé de ses coups, je ne pose ma tête
    Que sur l'oreiller de la mort.

La coupe des plaisirs pour moi n'a plus de charmes,
Du fiel le plus amer elle abreuve mon cœur ;
Mon œil du désespoir ne connaît que les larmes :
    Adieu la paix et le bonheur !

Le ciel que j'aimais tant dans ces jours d'allégresse,
Où ma lyre exhalait vers Dieu ses sons pieux,
Ce ciel m'est un fardeau qui m'écrase et m'oppresse ;
    Son éclat me fait mal aux yeux.

Pourtant, voici la nuit. Oh ! la nuit me console...
J'aime le crêpe noir qu'elle épaissit pour moi.
Mais quoi ? lorsque le jour, comme un éclair s'envole,
    Pourquoi trembler encor d'effroi ?

Quand la nuit ramenant le cortége des ombres
A semé ses pavots autour de mon réduit,
Alors, je vois alors des fantômes sans nombres
    Se dresser au pied de mon lit.

Je vois l'affreux satan que nul soupir ne touche,
Courber mon cou tremblant sous son carcan de fer,
Je vois son bras de feu qui brandit sur ma couche
    Toutes les torches de l'enfer.

Alors, comme un damné sur sa dalle brûlante,
Sur mon lit de douleurs je me roule et me tors ;
En sursaut je m'éveille... une sueur sanglante
    Ruisselle à flots de tout mon corps.

Malheur ! malheur ! malheur ! ! ! Ah mon bras sacrilége
Dans son délire osa s'attaquer jusqu'à Dieu :
Mais ce Dieu s'est levé ; sa vengeance m'assiége,
    Son bras me poursuit en tout lieu.

(12)

Mais qu'entends-je ? ce Dieu si terrible pardonne...
O Dieu de Madeleine, ô Dieu du bon larron,
Sur un autre prodigue, oh ! laisse de ton trône
    Tomber un généreux pardon !...

III.

PREMIER SOUPIR.

AIR : N° 4.

Vers qui s'exhalent les prémices
    De votre sein ?
Pour qui ces suaves délices
Qui ruissellent de vos calices,
    Fleur du matin ?

Ce doux parfum qui s'évapore
    Au gré des vents,
C'est pour la main qui vous colore,
C'est pour celui qui fait éclore
    L'herbe des champs.

Ainsi, mon Dieu, je vous adore,
    Quand vient le jour,
Avec le soir, avec l'aurore,
Je veux bénir, bénir encore
    Le Dieu d'amour.

Puisse mon ame solitaire,
    Roi de mon cœur,
S'épanouir dans la prière,
Vers vous s'exhaler toute entière,
    Comme une fleur!

IV.

LE SOMMEIL DE L'INNOCENCE.

AIR : N° 25.

Seigneur, je dors, mais mon cœur veille ;
Mon cœur, dans ses élans pieux,
Laisse là le corps qui sommeille
Et va vous chercher dans les cieux.
Votre nom seul épanche sur mon ame
Un flot d'amour, un parfum des plus doux :
Aussi, mon Dieu, dans mes rêves de flamme,
Quel doux penser de ne penser qu'à vous !

Sitôt que le ciel se colore
Et m'arrache aux bras du sommeil,
Je vous redemande, à l'aurore,
Au premier rayon du soleil ;

Je vous demande à toute la nature,
Au jeune oiseau qui vous donne son cœur,
A l'aquilon, au ruisseau qui murmure,
Au chêne altier, à la plus humble fleur.

Et maintenant que tout se voile,
Que tout revêt un crêpe noir,
Je vous redemande à l'étoile,
A la brise errante du soir.
Je vous demande au songe ailé qui passe
Et sur mon front laisse un sillon de feu;
Aux Séraphins qui volent dans l'espace,
Je leur demande : « Avez-vous vu mon Dieu? »

Oh! oui, mon Dieu, pour vous ma bouche
Soupire et la nuit et le jour :
Sans vous, je languis sur ma couche,
Sans vous mon sommeil est bien lourd.
Sans vous, je suis comme un oiseau sans aile,
Comme une vigne arrachée à l'ormeau;
Venez, mon Dieu, votre enfant vous appelle,
Venez veiller autour de son berceau.

En vous je trouve l'espérance,
Et mon bonheur et mon repos;

A flots purs, votre main dispense
Le baume qui guérit nos maux.
Comme une mère attentive, fidèle,
Près de l'enfant qu'elle voit sommeiller,
Autour de moi, vous déployez votre aile,
Et votre main me tient lieu d'oreiller.

Oh! quand la nuit devient plus sombre,
Quand l'essaim des mauvais esprits,
Comme un serpent, glisse dans l'ombre,
Pour tenter nos cœurs assoupis;
Alors, mon Dieu, de mon ame oppressée,
Daignez bien loin chasser l'esprit du mal :
Que votre douce et suave pensée
Règne à jamais dans mon cœur virginal.

Ma lampe des nuits peut s'éteindre,
L'étoile au ciel pourra pâlir,
Que le sommeil vienne m'étreindre
Et m'enchaîner à ses loisirs :
Jamais, jamais le doux feu qui m'embrase
Ne s'éteindra dans mes rêves d'amour;
Mon cœur, épris d'une indicible extase,
Pour le Seigneur tressaille sans retour.

Seigneur, je dors, mais mon cœur veille,
Mon cœur dans ses élans pieux,
Laisse là le corps qui sommeille
Et va vous chercher dans les cieux.
Votre nom seul épanche sur mon ame
Un flot d'amour, un parfum des plus doux,
Aussi, mon Dieu, dans mes rêves de flamme,
Quel doux penser de ne penser qu'à vous !

V.

L'AUMONE.

AIR : N° 5.

La saison des frimas sévit dans nos campagnes,
L'hiver, d'un bras glacé, sur nos vertes montagnes
    A déployé son blanc linceuil.
Adieu l'azur des cieux ! adieu les jours prospères !
Plus de bonheur aux champs : voici dans nos chaumières,
    Voici venir les jours de deuil.

Riches, heureux du monde, en vain les noirs orages
Autour de vos palais promènent leurs ravages,
    Vous vous riez de leur fureur.
Dans vos salons dorés, un feu brillant flamboie,
Derrière vos lambris et vos rideaux de soie,
    Règnent la paix et le bonheur.

Ah! tandis que la joie éclate en vos familles,
Qu'en vos cercles nombreux, mères, vos jeunes filles,
    De fleurs ont leur front couronné;
Hélas! il est ailleurs, il est aussi des mères
Dont le sein, amaigri par les longues misères,
    Ne peut nourrir leur premier-né.

Oui, près de vos palais, sous l'humble toit de paille,
Que de pleurs! que de deuil!... Le pauvre qui travaille,
    Chez lui quand le soir il revient,
Ne voit autour de lui que désespoir, alarmes,
Et ses petits enfans qui, les yeux pleins de larmes,
    Demandent un morceau de pain.

Ce père infortuné, l'œil hagard, l'air farouche,
J'entends un sourd blasphême expirer sur sa bouche;
    Riche, il maudit ton cœur d'airain....
C'est à toi d'arrêter le délire en son ame :
Ouvre-lui tes trésors: du suicide infâme
    Le fer tombera de sa main.

Vois cette Vierge en pleurs, cette Vierge si belle
Que le vil impudique, en sa serre cruelle,
    Va déchirer comme un vautour :
Viens, soutiens sa faiblesse, et la Vierge Marie,
D'un gracieux sourire embellira ta vie
    Et te paira de son amour.

Du riche et de son or qu'auguste est la puissance !
Il peut donner la vie et rendre l'espérance
  Au cœur flétri par le malheur.
Il soutient l'orpheline au penchant des abîmes,
Et conserve son cœur pour les vertus sublimes,
  Pour l'innocence et le bonheur.

Le riche, il est semblable à ces heureux nuages,
Qui, bercés par les vents, jusqu'aux célestes plages
  Vont porter leur sublime essor ;
Et là, quand l'humble fleur penche sa tête aride,
Ils laissent doucement dans son calice avide,
  Tomber leur fluide trésor.

Vous pour qui la fortune est toujours souriante,
Oh ! laissez sur le pauvre une source abondante
  Jaillir de vos riches palais :
Vous serez à mes yeux ce qu'est la Providence,
Vous serez ce Sauveur qui sur chaque souffrance
  Versait son baume et ses bienfaits.

Mais qu'il est malheureux le riche au cœur de pierre,
Qui voit à ses genoux le mendiant, son frère,
  Mourir sous le poids de ses maux !
Dieu ! quel reproche amer viendra troubler sa vie !
Des morts il entendra l'ombre pâle, alanguie,
  Lui crier du fond des tombeaux :

« Mauvais riche, c'est toi, toi dont les yeux barbares
Nous virent expirer comme d'autres Lazares,
    Au sein même de tes plaisirs.
Oh ! la soif des enfers brûlera ta poitrine
Sans qu'une goutte d'eau par la bonté divine
    Soit accordée à tes soupirs. »

La saison des frimas sévit dans nos campagnes,
L'hiver, d'un bras glacé, sur nos vertes montagnes
    A déployé son blanc linceuil.
Adieu l'azur des cieux ! adieu les jours prospères !
Plus de bonheur aux champs : voici dans vos chaumières :
    Voici venir les jours de deuil.

Pitié, riches, pitié pour tant de misérables !
Au nom de Dieu laissez de vos immenses tables
    Tomber quelques miettes de pain.
Il est si doux d'aider le pauvre en ses détresses,
De donner quelque peu de ses grandes richesses
    A son frère expirant de faim.

Donnez, donnez ! l'aumône est un trésor de gloire...
Vous entendrez l'enfant bénir votre mémoire
    Dans sa prière, chaque jour.
Vous entendrez, au ciel, la douce voix des anges,
Sur leurs luths inspirés, redire vos louanges,
    Avec celle du Dieu d'amour.

Donnez, car la richesse est chose si frivole !...
Ne savez-vous donc pas que Dieu paie une obole,
    Qu'il nous rend le centuple aux cieux ?
Donnez, oh ! oui, donnez! pour prix de votre aumône,
Un jour vous recevrez une riche couronne
    Des mains mêmes du malheureux.

VI.

PROFICISCERE, ANIMA CHRISTIANA.

AIR : N° 7.

Partez, ame chrétienne, ah ! partez de ce monde,
    Sans amertume et sans regret ;
La lumière de paix dont Jéhovah s'inonde,
    Descend jusqu'à votre chevet.

Partez, partez au nom du Dieu qui vous réclame,
    Au nom du Christ, votre Sauveur ;
Au nom de l'Esprit-Saint qui prépare à votre ame
    Toutes les sources du bonheur.

Qu'en ce moment terrible où l'ame se présente
    Aux portes de l'éternité,
Où, comme un criminel, elle tombe tremblante
    Aux pieds de son juge irrité ;

Vienne au-devant de vous une légion d'anges,
  Guidés par votre ange gardien ;
Des martyrs glorieux que les mille phalanges
  Viennent garder votre chemin.

Que les apôtres saints descendent de leur trône,
  Qu'ils disent à Dieu votre nom ;
Que les Vierges du ciel vous tressent la couronne
  Qui doit vous ombrager le front.

Partez, ame chrétienne, ah, partez de ce monde
  Sans amertume et sans regret.
Déjà la paix des cieux de ses flots vous inonde,
  Saluez son premier reflet.

VII.

LA LAMPE DU SANCTUAIRE.

AIR : N° 14.

Oh ! dis-moi, lampe solitaire,
D'où te viennent ces feux si beaux ?
Où prends-tu la douce lumière
Qui va glissant sous ces arceaux ?

Tu n'es point, au sein des ténèbres,
De la mort le pâle flambeau ;
Tu n'as point ces clartés funèbres
Qu'on voit dormir près d'un tombeau.

Tu n'es point ce lustre de joie
Qui scintille dans nos salons,
Comme le soleil qui déploie
A nos yeux ses mille rayons.

Oh, non! tu n'as rien de la terre,
Mais tu veilles dans le saint lieu,
Comme l'ange du sanctuaire
Qui se consume aux pieds de Dieu.

Au foyer des brûlantes sphères,
Rayon sacré, reflet du ciel,
Tu puises ces vives lumières
Qui rejaillissent sur l'autel.

Ta flamme douce et vacillante
Ainsi qu'une étoile des soirs,
Est une étincelle brûlante
Des séraphiques encensoirs.

C'est un feu pur et sans mélange,
C'est un de ces flambeaux divins
Qu'allume le souffle de l'ange,
Que ravivent les chérubins.

C'est l'étoile des anciens âges
Qui, par son merveilleux éclat,
Semble nous dire comme aux Mages
Que notre Dieu repose là.

Oh ! non, tu n'as rien de la terre,
Mais tu veilles dans le saint lieu,
Comme l'ange du sanctuaire
Qui se consume aux pieds de Dieu.

Veille pour moi, lampe immortelle,
Veille la nuit, veille le jour,
Pour moi, pieuse sentinelle,
Oh ! veille auprès du Dieu d'amour.

Lorsqu'à tes pieds je me prosterne,
Emblême sacré de ma foi,
Je vois mon ciel brumeux et terne,
Qui s'éclaircit autour de moi.

Oui, quand dans cette auguste enceinte
Je viens m'agenouiller, le soir,
Dans tous mes sens ta flamme sainte
Verse les flots d'un doux espoir.

Flambeau pieux que je vénère,
Ah ! comme toi, puisse mon cœur
S'épanouir dans la prière,
Se consumer pour le Seigneur !

VIII.

POUR LA PROFESSION D'UNE JEUNE RELIGIEUSE.

AIR : N° 9.

D'où vient cette voix qui m'appelle ?
Qu'à mon cœur ses accens sont doux !
Ecoutons bien : que me dit-elle ?
Seigneur, elle m'appelle à vous.
Partons sans regrets, sans alarmes,
Rien ne peut me plaire ici-bas.
O vertu, toi seule as des charmes.
Partons, rien n'enchaîne mes pas.

Adieu, mes parens de la terre !...
Je vous quitte, c'est pour le ciel.
Fille d'un Dieu, j'aurai pour mère
La Vierge chère à l'éternel.

Mes jeunes sœurs, soyez jalouses
De mes trésors, de mon bonheur;
Gardez vos vains titres d'épouses,
Un Dieu possédera mon cœur.

Jésus, seul époux que j'adore,
Mon seul amour, mon seul espoir,
A toi je pense dès l'aurore,
A toi je pense encor le soir.
Semblable à la céleste lyre
Qui retentit entre mes doigts,
Mon ame incessamment soupire
Et redit ton nom mille fois.

Dès que la brise matinale
Te portera l'encens des fleurs,
Que ma prière virginale
Se mêle à leurs douces odeurs;
Et quand la nuit assoupissante
Endormira tous les mortels,
Que mon ame reconnaissante
Veille encore aux pieds des autels.

Le chant religieux s'élance
Vers le trône de l'éternel,

Comme l'encens qui se balance
Parmi les lampes de l'autel.
Oh ! je veux chanter les louanges
De celui qui fait mon bonheur,
Et mêler à la voix des anges
Les tendres accens de mon cœur.

IX.

DIES IRÆ.

AIR : N° 15.

Jour de deuil et d'effroi! jour d'angoisses et d'alarmes!
Jour où tout l'univers sera noyé de larmes!
Les jours de paix ont fui : c'est le jour des terreurs....
Tremblez, pécheurs, tremblez... car le juge suprême
Vient sur un char de feu juger le juste même,
    Armé de ses foudres vengeurs.

Sept fois a retenti la trompette effrayante;
La poudre du cercueil a frémi d'épouvante :
Les morts ont ramassé leurs funèbres lambeaux.
Au pied du tribunal qui doit juger leur crime,
Ils s'avancent, pareils à la pâle victime
    Qui monte aux sanglans échafauds.

Alors apparaîtront ces pages formidables,
Ce livre où sont gravés en traits ineffaçables
Et le nom du coupable et ses nombreux forfaits.
Jéhovah, revêtu de toutes ses lumières,
D'un coup d'œil y lira les plus hideux mystères
  Et les crimes les plus secrets.

Alors, tel qu'un grand mât, brisé par la tempête,
Le méchant qui jadis si haut portait la tête,
Est là tremblant au pied du tribunal vengeur.
O ciel ! je vois aussi le juste qui chancelle...
Et moi pécheur, de qui réclamer la tutelle ?
  Hélas ! pitié ! pitié, Seigneur !

Pitié ! je la demande, ô majesté suprême,
Au nom de ton amour et de ta bonté même
Qui, tout en punissant, sait retenir ses coups.
Je la demande au nom de la Vierge puissante :
Au nom de cette croix, de cette croix sanglante
  Où ton fils expira pour nous...

Je la demande au nom de ma douleur profonde
Cette douce pitié qui réjouit le monde,
Comme, après les frimas, la saison du printemps.
Assez long-temps mon ame a bu la coupe amère ;
Et mon cœur est brisé comme un grain de poussière
  Qu'on voit flotter au gré des vents.

Tu me pardonneras, ô bonté souveraine,
N'as-tu pas autrefois pardonné Madeleine
Qui parfuma tes pieds de ses pleurs pénitens ?
Et quand le bon larron implora ta clémence,
N'as-tu pas aussitôt fait briller l'espérance
  De ton ciel à ses yeux mourans ?

Seigneur, étends sur moi tes bienfaisantes ailes ;
Arrache ma pauvre ame aux flammes éternelles :
Fais luire sur mon front l'auréole des cieux,
Fais resplendir en moi la pureté des anges,
Afin que j'aille un jour entonner tes louanges
  Avec le chœur des bienheureux.

Jour de deuil et d'effroi ! jour d'angoisse et d'alarmes !
Jour où tout l'univers sera noyé de larmes !
Les jours de paix ont fui, c'est le jour du seigneur.
Seigneur ! Seigneur ! Seigneur ! couvre-moi de ton aile,
Fais briller à mes yeux l'auréole immortelle,
  L'auréole du vrai bonheur.

X.

LA MESSE DE MINUIT.

AIR : N° 19.

La nuit sombre sur le village
A tendu son vaste réseau ;
Mais le berger au pâturage
Veille encore sur son troupeau.
Qu'entends-je ? une voix immortelle
Entonne un hymne fortuné :
Chantons, chantons, bonne nouvelle !
   Jésus est né !
Chantons, chantons, Jésus est né.

Ce n'est point un maître sévère
Qui vient nous percer de ses traits :
C'est un ami, c'est un bon frère
Qui vient nous apporter la paix.

Qu'entends-je? une voix immortelle
Entonne un hymne fortuné :
Chantons, chantons, bonne nouvelle !
    Jésus est né !
Chantons, chantons, Jésus est né !

O mon Sauveur, que ton absence
De vide remplissait mon cœur !
Mais tu parais, et ta présence
A déjà comblé mon bonheur.
Qu'entends-je? une voix immortelle
Entonne un hymne fortuné :
Chantons, chantons, bonne nouvelle !
    Jésus est né !
Chantons, chantons, Jésus est né !

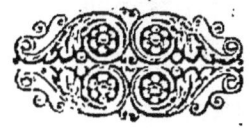

XI.

NOEL. — MESSE DE L'AURORE.

AIR : N° 55.

Bannissez vos alarmes ;
Mortels nés dans les pleurs,
Un enfant plein de charmes
Vient finir vos douleurs.
Amour, louange et gloire
Soient rendus à jamais,
A l'enfant de victoire
Qui nous porte la paix.

Celui dont la puissance
A créé l'univers,
Est né dans l'indigence
Au milien des hivers.
    Amour, etc.

Celui que les Archanges
Adorent en tremblant,
S'enveloppe de langes
Ainsi qu'un faible enfant.
 Amour, etc.

L'opprobre est sa couronne,
Les douleurs ses joyaux,
Une crèche son trône,
Sa cour deux animaux.
 Amour, etc.

Vous qu'un orgueil coupable
Gonfle de son poison,
De la crèche adorable
Méditez la leçon.
Amour, louange et gloire
Soient rendus à jamais,
A l'enfant de victoire
Qui nous porte la paix.

XII.

MESSE DU JOUR.

AIR : Nos 25 ET 45.

Jésus est né ! chantons avec les anges !
A l'éternel gloire au plus haut des cieux !
Qu'avec transport, nos concerts de louanges
Aillent s'unir au chœur des bienheureux.
Oui, désormais, que l'amour nous inspire ;
Car, pour Sauveur, un Dieu nous est donné.
Chantons, chantons, avec un saint délire :
    Jésus est né !

Jésus est né ! tel d'une nuit profonde,
Quand apparaît l'astre brillant du jour,
Du sein de l'ombre on voit surgir le monde
Tout rayonnant et de gloire et d'amour ;

Tel de Jésus le gracieux sourire,
Porte la joie à l'homme infortuné.
Chantons, chantons, avec un saint délire :
   Jésus est né !

Jésus est né ! terre autrefois stérile,
Du ciel jaloux ne crains plus les rigueurs ;
Avec orgueil, terre à jamais fertile,
Pour cet enfant, couvre ton sein de fleurs.
Du noir serpent la rage vaine expire :
Va, ne crains plus son souffle empoisonné.
Chantons, chantons, avec un saint délire :
   Jésus est né !

XIII.

DERNIER JOUR DE L'ANNÉE.

AIR : N° 1.

Le tems, sur ses ailes rapides,
Le tems, ce perfide voleur,
Est venu dans ses mains avides
Cueillir mes jours, comme la fleur.

Où va cette nouvelle année
Qui vient d'échapper à ma main ?
Est-elle à l'oubli condamnée,
Ou doit-elle durer sans fin ?

Si Dieu, du tems qu'il nous mesure
Exige un compte rigoureux,
Quelle conscience assez pure
Soutiendra l'éclair de ses yeux ?

Aussi, mon Dieu, je m'humilie,
Je m'anéantis devant toi ;
Ma voix tremblante te supplie
D'avoir enfin pitié de moi.

J'ai laissé mes jeunes années
Couler au gré de leurs désirs ;
Elles ont été profanées
Par mille coupables plaisirs.

Si tu daignes dans ta clémence
En prolonger encor le cours,
Ils te sont consacrés d'avance
Ces jours bénis, ces heureux jours.

XIV.

PREMIER JOUR DE L'AN.

AIR : Nº 14.

Encore une nouvelle aurore,
Encore un nouvel avenir.
Ce nouvel an qui vient d'éclore
A qui va-t-il appartenir !

Le monde à ses fêtes m'appelle :
« Viens, me dit-il ; dans mes sentiers,
Non, jamais, la ronce cruelle
Ne se trouvera sous tes pieds.

» Qu'un peuple, épris de vaines choses,
Rêve toujours des châtimens ;
Je couvrirai ton front de roses,
J'embellirai tous tes momens. »

Monde perfide, tes chimères
Ne me pourront plus éblouir,
Tes voluptés sont trop amères,
Ton cri de joie est un soupir.

Le tems qu'à ton banquet coupable
J'ai passé, m'échappe et se perd,
Plus léger que le grain de sable,
Plus vide qu'une bulle d'air.

O toi, devant qui mille années
Sont moins qu'à nous un seul instant,
A toi, maitre des destinées,
Je consacre ce nouvel an.

Que mon cœur, à chaque seconde,
Pour toi palpite chaque jour
Et qu'à tes bienfaits il réponde,
Par les élans de son amour.

XV.

LE SAINT NOM DE JÉSUS.

AIR : N° 5.

D'où vient ce nom sacré, ce nom plein de mystère,
Devant qui tout genou s'incline sur la terre,
    Aux enfers même et dans le ciel ;
Ce nom limpide et frais qui passe sur votre ame,
Plus doux que l'aloës, plus pur que le cinname
    Qui parfumait tout le Carmel ?

D'où vient-il donc ce nom qu'avec bonheur on nomme ?
A-t-il été trouvé dans les secrets de l'homme ?
    Est-ce la Vierge d'Israël
Qui l'a rêvé jadis aux pieds du sanctuaire,
Quand son ame de feu s'exhalait toute entière
    Devant les marches de l'autel ?

Est-ce le chaste époux de l'auguste Marie
Qui des rois, ses aïeux, contemplant la série,
  Parmi tous le vit rayonnant ?
Oh ! non, mais un esprit, ange de lumière
Vint de la part de Dieu l'apporter à la terre
  Et radieux et triomphant.

Et quand il fut tombé des lèvres de l'archange,
On entendit soudain dans les airs un mélange
  D'amour et d'effroi confondus ;
L'abîme vomissait sur lui ses anathêmes,
Mais les harpes du ciel murmuraient d'elles-mêmes :
  Gloire, gloire au nom de Jésus!

Un immortel éclat sur toi vient d'apparaître,
Jérusalem, entends la voix de ton grand-prêtre,
  Le pieux vieillard Siméon,
Qui chante de ce nom le prestige et la gloire,
Ce nom qui doit un jour effacer la mémoire
  De David et de Salomon.

Israël, vois partout du couchant à l'aurore,
A ce Verbe fécond, des prodiges éclore

Tels qu'en a vus l'ancien Eden,
Au sommet du Thabor, au Jardin des Olives,
Sous les murs de Naïm et jusques sur les rives
Du fleuve béni du Jourdain.

Quand le paralytique, au seuil du sanctuaire,
Avec peine tendait sa main raidie à Pierre,
Demandant par grâce un peu d'or ;
— De l'or ! je n'en ai point, lui dit le saint apôtre,
Mais au nom de Jésus, mon Sauveur et le vôtre,
Levez-vous et marchez encor.

A peine il achevait ces mots pleins de prestige,
Sur ses membres souffrans, ô bonheur ! ô prodige !
Se dressa le vieillard perclus.
Suspendant à l'autel sa béquille en hommage,
Il s'en allait joyeux de village en village,
Bénissant le nom de Jésus.

O vous pour qui la vie a perdu tous ses charmes,
Qui sur un lit de deuil pleurez toutes vos larmes,
Ainsi que Jésus sur la croix,
Voulez-vous alléger vos souffrances de l'ame ?
Avec un saint transport, que votre foi réclame
Ce nom puissant comme autrefois.

Il est à tous les maux l'infaillible remède :
Hé ! quel autre pourrais-je appeler à mon aide,
>> Quand je succombe à la douleur ?
C'est un vase rempli des plus pures délices,
D'où le baume des cieux découle à pleins calices,
>> Sur l'amertume de mon cœur.

Sur la mer de la vie où la houle est si forte,
Lorsque des passions le tourbillon m'emporte,
>> Comme un frêle esquif sur les eaux,
Ce nom seul que j'invoque au sein de la tempête
Suffit pour enchaîner la vague toute prête
>> A me submerger sous les flots.

Que ce Verbe divin, mon bonheur et ma gloire
Soit si profondément gravé dans ma mémoire
>> Que rien ne l'en puisse bannir.
Qu'il soit tout mon amour : que ma lèvre mourante,
Tel que le son lointain d'une harpe expirante
>> L'exhale à son dernier soupir.

Oui, Jésus, que ton nom soit toujours ma devise :
Sur ce désert muet que ma langue le dise

Et le répète dans le ciel;
Ainsi, l'Hébreu, guidé par la voix de Moïse,
Put saluer en paix cette terre promise,
Où coulaient le lait et le miel.

XVI.

LE JOUR DES CENDRES.

AIR : Nº 8.

La fleur des champs revêt ses couleurs les plus belles,
 Elle efface l'éclat du jour ;
Mais arrive le soir, et sous ses froides ailes,
 La fleur se flétrit sans retour.

Le cèdre élance au ciel ses branches vigoureuses :
 Debout comme un vaillant guerrier,
Qui voit avec orgueil ses plumes glorieuses
 Flotter au haut de son cimier.

Viendra, viendra le jour où le cèdre superbe
 Qui porta des siècles entiers,
Tombera de son faîte et se perdra dans l'herbe
 Qui rampait naguère à ses pieds.

Ainsi l'homme, ce roi de la nature entière,
  Qui n'a point d'égal ici-bas,
Demain sera semblable à ces grains de poussière
  Qu'il broie aujourd'hui sous ses pas.

Ainsi, cette beauté si brillante et si fière
  Des roses de ses jeunes ans,
A son tour passera comme un songe éphémère,
  Ou comme la fleur du printems.

Qu'est-ce donc que la vie ? une feuille légère
  Que glace le froid de l'hiver ;
C'est un son qui s'enfuit, c'est un grain de poussière
  Qu'emporte le vent du désert.

L'homme, enfant du néant, jeté sur cette terre,
  Dort le matin dans un berceau ;
Mais avant que le jour ait atteint sa carrière
  Il va dormir dans le tombeau.

Ainsi donc, ô mortels, misérables atômes
  Que la brise emporte en passant,
Courez, courez encore après de vains fantômes,
  Après de vains jouets d'enfant.

Ou plutôt, avec moi, venez au sanctuaire :
Venez, à genoux, et pleurons...
De ceux que nous aimons, c'est la tiède poussière
Qu'on va déposer sur nos fronts.

La cendre de nos morts sur nos têtes s'anime,
Comme le grain dans les sillons ;
Ecoutez, écoutez leur parole sublime,
Empreinte de hautes leçons :

« Jeune homme, souviens-toi qu'avec un peu de terre
Te façonna le Dieu d'amour ;
Souviens-toi, souviens-toi qu'au champ du cimetière
Tu dois mêler ta cendre un jour.

» Riches qui possédez un immense héritage,
Vous qui parez si bien vos corps,
Six pieds de terre un jour seront votre apanage,
Le ver rongeur et le remords.

» L'œil ne peut mesurer vos forêts élancées
Comme les cèdres du Liban :
Là, pourriront un jour vos cendres ramassées
Sous quatre planches seulement.

» Et toi, jeune beauté, dont la robe soyeuse
 Eclate de l'or le plus fin,
Une tombe, un linceul, la solitude affreuse,
 L'éternité l'attend demain.... »

XVII.

AU DIEU DES MISÉRICORDES.

AIR : N° 21.

Mon cœur ingrat, dans son inconstance,
  Grand Dieu! s'est armé contre toi.
Ah! que mes pleurs calment ta vengeance :
  Mon Dieu! pardonne-moi!

Du noir péché la coupe amère
  A dans mon sein versé la mort.
Que reste-t-il à ma misère?
  Le désespoir et le remord.
    Mon cœur ingrat, etc.

Je suis une triste victime
  En proie aux tourmens des enfers,
Un pauvre esclave que le crime
  Ecrase du poids de ses fers.
    Mon cœur ingrat, etc.

Où me cacher, mortel infâme ?
Où porter ma confusion ?
Partout hélas ! en traits de flamme
Je lis ma condamnation.
Mon cœur ingrat, etc.

Seigneur, que ta main vengeresse
Daigne s'arrêter par pitié !
Abaisse un regard de tendresse
Sur un pécheur humilié.
Mon cœur ingrat, etc.

De cendres je couvre ma tête,
Le repentir brise mes os :
Pour moi, la coupe d'une fête
Est comme l'urne des tombeaux.
Mon cœur ingrat, etc.

De même que dans la vallée
On voit sécher un noir cyprès,
De même mon ame exilée
Languit au milieu des regrets.
Mon cœur ingrat, etc.

Je pleure, et dans sa joie impie
Le méchant se rit de mes pleurs;
Seigneur, ta justice attendrie
Sera sensible à mes douleurs.
Mon cœur ingrat, dans son inconstance,
Grand Dieu ! s'est armé contre toi;
Ah ! que mes pleurs calment ta vengeance :
Mon Dieu ! pardonne-moi !

XVIII.

LA PASSION.

AIR : N° 6.

La terre a tressailli des plus vives alarmes,
Le soleil a pâli sur son axe de feu :
Cieux et terre pleurez, pleurez toutes vos larmes,
    L'homme à la mort livre son Dieu...

Celui qui doit un jour, avec magnificence,
Sur son trône des airs, juger tous les mortels,
Dépouillé maintenant de sa toute-puissance,
    S'asseoit au banc des criminels.

Cet ami généreux qui du ciel vit nos peines,
Qui nous prit sur son cœur, tendre Samaritain !
Des méchans aujourd'hui chargent d'indignes chaînes,
    Sa main, sa bienfaisante main.

Voyez autour de lui frémir toute leur rage :
Son front pur est souillé par d'ignobles crachats,
On lui verse à longs traits et l'opprobre et l'outrage,
    Comme au dernier des scélérats.

Arrête, peuple ingrat, sur cette chair si pure,
Pourras-tu, sans pitié, promener le couteau ?
Ah ! cesse d'ajouter blessure sur blessure,
    Son corps entier n'est qu'un lambeau.

Pitié, Jérusalem, au nom de l'innocence !
C'est le juste venu pour sauver Israël,
Celui dont le prophète a chanté la naissance,
    C'est l'envoyé béni du ciel.

C'est le fils de tes rois ; que dis-je ? ton roi même
Devant qui tout Solyme autrefois s'inclina,
Criant : « Fils de David, à toi le diadême,
    A toi l'éternel Hosanna !... »

Ah ! quand un peuple entier, comme un torrent qui roule,
Courait, ivre d'amour, sur ses pas triomphans,
Son œil, avec bonté, distinguait dans la foule,
    Les pauvres, les petits enfans.

Ne t'en souvient-il plus? sa main compatissante
Eut toujours en réserve un remède à tes maux,
Soutenait du roseau la tige languissante
    Prête à s'abîmer dans les eaux.

Hé quoi! sur ce Sauveur dont le souffle timide
De la mèche fumante épargna la lueur,
Quoi! tu pourrais étendre une main déicide
    Et déchirer son tendre cœur!...

Jérusalem est sourde aux cris de la justice,
De toutes parts s'élève un tonnerre de voix :
Qu'il soit crucifié! qu'on le traîne au supplice !
    Qu'il expire sur une croix ! ! !

Sous le poids de sa croix, je le vois qui chancelle,
Il monte au Golgotha ses pas ensanglantés.
Celui qu'entoure au ciel la phalange immortelle
    A deux voleurs à ses côtés.

Il a soif; et bientôt à sa lèvre brûlante
On offre pour boisson le vinaigre et le fiel,
Lui pourtant, ô mon Dieu, sur leur ame souffrante
    Versa toujours l'huile et le miel.

Si grande est du salut la soif qui le consume,
Qu'il s'écriait encore, encore, ô Dieu vengeur ;
Il veut de son calice épuiser l'amertume
    Et nous en laisser la douleur.

Ne pouvant contenir tout l'amour qui l'inonde,
Son cœur se brise. Alors, ô mon Christ bien-aimé,
Tu te penchas, mourant, pour embrasser le monde,
    Et le salut fut consommé.

XIX.

PAQUES.

AIR : N° 2.

Jésus, le grand captif, s'élance
    De sa prison,
Il apparait, beau d'espérance,
Comme un soleil qui se balance,
    A l'horizon.

Avec lui la nature humaine
    Brise ses fers;
L'esclave a vu tomber sa chaîne,
Plus désormais ni pleurs, ni peine,
    Dans l'univers.

A toi, Jésus, louange et gloire
   Soient à jamais,
Jusques aux cieux que ma mémoire
Ailleurs porte et ta victoire
   Et tes bienfaits!

XX.

PAQUES.

AIR : N° 18.

Il est ressuscité le maître que j'adore
Son bras fort a brisé les fers de sa prison :
Il monte vers les cieux comme la blanche aurore
    Qui naît à l'horizon.

Seigneur, lorsque la mort eut rmé ta paupière,
Quand ton ame dormait le sommeil du tombeau,
Alors, on vit alors sur la nature entière
    S'étendre un noir rideau.

On vit, durant trois jours, des ténèbres sanglantes
Dérouler sur nos champs leurs funèbres réseaux ;
Des morts on entendit les ombres frémissantes
    Gémir dans les tombeaux.

Alors, on vit alors de livides fantômes
Promener par Sion leurs squelettes poudreux :
D'une voix prophétique, ils reprochaient aux hommes
  Leur déicide affreux.

De douleur et d'effroi les rochers se brisèrent,
Les cèdres du liban fléchirent sous leur poids ;
Les filles de Sion, au Golgotha, pleurèrent
  Leur Dieu mort sur la croix.

Pleurez, oh ! oui, pleurez, filles infortunées
L'époux qui vous venait à l'orient vermeil :
Hélas ! pourquoi les fleurs sont-elles moissonnées,
  A leur premier soleil ?

Pleurez ! mais qu'ai-je dit ? Judas, sèche tes larmes ;
Quitte, Jérusalem, tes vêtemens de deuil :
Vois ton Dieu qui surgit avec de nouveaux charmes,
  Des ombres du cercueil.

Il est ressuscité le maitre que j'adore !
Son bras fort a brisé les fers de sa prison :

Il monte vers les cieux, comme la blanche aurore
    Qui naît à l'horizon.

O mort, terrible mort, où donc est ta victoire ?
De tes traits acérés où donc est la fureur ?
Dans ta lutte inégale un Dieu, fort de sa gloire,
    Est demeuré vainqueur.

Rois, monarques puissans, descendez de vos trônes,
Voici venir celui qui lave vos affronts :
Aux pieds de ce grand roi, déposez les couronnes
    Qui brillent sur vos fronts.

Oui, Jésus, tu seras notre bonheur suprême,
Et nos cœurs et nos voix sont à toi sans retour :
Puissions-nous à l'envi t'offrir un diadème
    Digne de ton amour !

XXI.

A LA CROIX.

AIR : N° 4.

Tandis que l'homme sans aveu
Blasphême la croix de mon Dieu,
   La croix que j'aime ;
O croix de mon auguste époux,
Permets que j'expie à genoux,
   Ce grand blasphême.
   De tout mon cœur,
   Croix salutaire,
   En toi j'espère,
   Dans mon malheur :
   Oui, je t'implore,
   Et je t'adore
   De tout mon cœur.

Ce que tu maudis, ô méchant,
Est pourtant le signe touchant
    De l'espérance :
Oui, c'est la croix qui doit un jour,
Sur toi, verser avec amour
    Paix et clémence.
    De tout mon cœur, etc.

Autrefois, sur le Golgotha,
Aux yeux de l'esclave éclata
    Son auréole ;
Etendard de la liberté,
De la plus douce charité
C'est le symbole.
    De tout mon cœur, etc.

O douce fleur de mon espoir,
En ce jour daigne recevoir
    Tout mon hommage,
Ton culte, objet de mon amour,
Dans mon cœur vivra sans retour
    Et sans partage.

De tout mon cœur,
Croix salutaire,
En toi j'espère,
Dans mon malheur.
Oui, je t'implore,
Et je t'adore
De tout mon cœur.

XXII.

L'ASCENSION.

AIR : N° 50.

Mon ame sèche de langueur
Dans le désert de cette vie :
Pourrais-je trouver le bonheur,
Loin de la céleste patrie ?
Non, non, dans un exil lointain
Jamais ne luit un jour serein.

De l'humble vertu le méchant
Ici-bas triomphe sans cesse ;
Partout nous voyons l'innocent
Traîner des jours pleins de tristesse :
Mais au ciel le juste vainqueur
Sera vengé de l'oppresseur.

Telle qu'on entend dans les bois
Une plaintive tourterelle
Nuit et jour, d'une tendre voix,
Pleurer sa compagne fidèle ;
Ainsi, mon ame, au roi du ciel,
Adresse un soupir éternel.

Oh ! quand me verrai-je arrivé
Au long terme de ma carrière ?
Quand serai-je enfin dégagé
De cette enveloppe grossière ?
Et quand pourra mon cœur heureux
Prendre son essor vers les cieux ?

Ce jour fortuné je l'attends,
Comme un pauvre malade envie
Le doux, mais bien tardif printems
Qui doit lui ranimer la vie :
Oui, mon bien-aimé, mon doux roi,
Je veux mourir pour vivre en toi.

XXIII.

LA PENTECOTE.

AIR : N°. 39.

Lorsque le Sauveur débonnaire
Vers les cieux eut pris son essor,
On vit aussitôt sur la terre
Tomber comme un crêpe de mort.
A ses enfants baignés de larmes,
Il avait dit : ne craignez point ;
Voici, pour calmer vos alarmes,
Voici venir l'esprit divin.

Rassurés par cette promesse
Du Dieu qu'ils allaient recevoir,
Les apôtres leur tristesse
Voient succéder un doux espoir.

Ils vont dans un lieu solitaire
Rêver en paix à leur bonheur,
Et, par la voix de la prière,
Hâter l'esprit consolateur.

Par-delà les célestes plages,
Un vent soudain trouble les airs,
Pareil à ces bruyans orages
Portant la foudre et les éclairs.
Ce vent, précurseur du miracle,
A rapproché ses tourbillons ;
Puis, il s'abat sur le Cénacle,
Comme sur la crête des monts.

Mais, du milieu de la tempête,
Un feu sacré se détachant,
Vient se reposer sur la tête
De chaque disciple tremblant.
Ce feu les pénètre ; il les change,
Il les rend forts et vigoureux :
Ainsi, l'or, d'un impur mélange,
Se sépare plus précieux.

Paraissez, apôtres sublimes,
De l'esprit fort nouveaux soldats ;
Sur un monde envieilli de crimes
Portez la vigueur de vos bras.
Brisez les autels et les trônes
Où s'encensent de vils Césars,
Et que leurs ignobles couronnes
Roulent en poudre sous vos chars.

Ils ont paru sur les montagnes
Ces hommes de Dieu, ces héros,
Et les peuples, dans les campagnes
Vont se ranger sous leurs drapeaux.
Du monde entier la métropole
Est fière d'embrasser leurs lois ;
Avec orgueil au Capitole
Flotte l'étendard de la Croix.

Esprit, vivifiante flamme
Dont le foyer est dans les cieux,
Oh ! laissez tomber sur mon ame
Une étincelle de vos feux.

Puisse cette douce étincelle
Fondre la glace de mon cœur !
Puisse votre flamme immortelle
Me consumer pour le Seigneur !

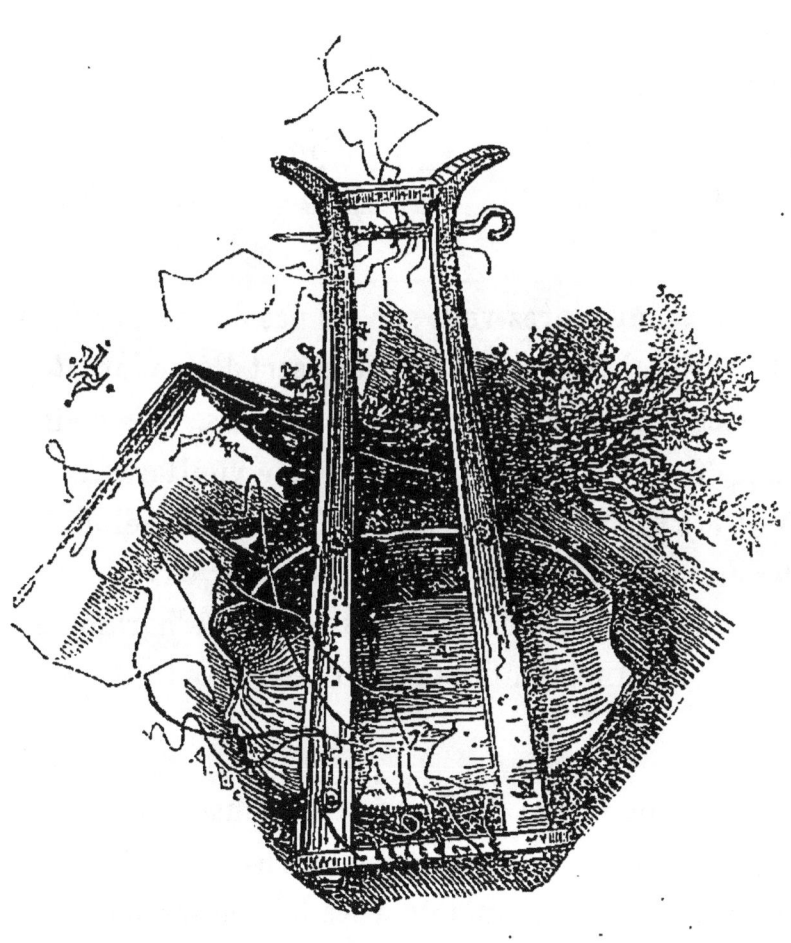

XXIV.

LA CONFIRMATION.

AIR : N° 29.

Peuples, où courez-vous sur les pas de vos prêtres ?
Et pourquoi cette Croix qui vous sert d'étendard ?
Dans ce concours, je vois les serviteurs, les maîtres,
Le riche et l'indigent, l'enfant et le vieillard...
Tout est joie et transport... Ciel ! quelle mélodie
Des enfants du hameau guide les pas joyeux !
Parmi les flots d'encens, quels torrens d'harmonie
   Inondent la terre et les cieux !

Peuples, pourquoi de fleurs orner ainsi vos têtes ?
Pourquoi ces chants sans fin et ces hymnes d'amour ?
Ah ! sans doute, le monde à ses heureuses fêtes,
Pour enivrer vos cœurs, vous convie en ce jour.

J'ai blasphémé !... Non, non, votre sainte phalange
Dédaigne d'ici-bas les attraits inconstans :
Oh ! d'un plaisir plus pur, d'un bonheur sans mélange
    Vous courez enivrer vos sens.

Le Pontife a quitté l'heureuse Métropole ;
Il vient dans nos cités, comme un autre Sauveur :
Sur son front se dessine une douce auréole
D'où partent des rayons de paix et de bonheur.
Salut, ô saint Prélat dont l'auguste visage,
De Jésus parmi nous fait revivre les traits ;
Comme autrefois Jésus, de village en village,
    Tu vas répandant des bienfaits.

Venez, peuples, venez, déployez vos bannières ;
C'est lui, c'est votre père, accourez à sa voix :
Sa voix a la douceur des plus douces prières,
Elle émeut et mon cœur et mes sens à la fois.
Venez, prosternez-vous aux pieds du saint apôtre ;
Le ciel entre ses mains a commis ses trésors :
Venez, heureux enfans, quel bonheur est le vôtre !
    Éclatez en pieux transports.

Le Pontife a parlé... sa voix puissante et sage
Sur la foule résonne en augustes accens,
Tel, quand l'éclair brillant entr'ouvre le nuage,
A l'instant, la lumière en jaillit par torrens.
Oh ! ne sentez-vous pas qu'une nouvelle vie
A passé sur votre ame et brisé son sommeil ?
Ainsi, la fleur est-elle, au matin, rajeunie,
   Des premiers rayons du soleil.

L'esprit n'agite plus la chaire évangélique...
Tout le peuple à genoux attend avec ferveur,
L'homme de Dieu parcourt la vieille basilique,
Grave, sur chaque front, le sceau du Rédempteur,
Ce signe glorieux de l'espérance sainte
Qui, dans tous nos combats, seul doit nous soutenir :
Quand le timide apôtre eut reçu son empreinte,
   Son front ne savait plus rougir.

Maintenant, nous voilà forts contre les tempêtes...
Satan, fais éclater ton impuissant courroux ;
Vils suppôts de l'enfer, rugissez sur nos têtes,
Nous ne vous craignons plus : Dieu combat avec nous.
Que de l'impiété l'hydre, aux têtes sanglantes,
Dans ses replis impurs, vienne nous enlacer :

Armés, ô mon grand Dieu, de tes armes puissantes,
　　Oh ! qui pourra nous terrasser ?

Hé ! bien, venez, brisons, réduisons en poussière
Les faux Dieux de l'orgueil à jamais impuissans.
Que leurs impurs débris, vains jouets sur la terre,
Soient jetés et broyés sous les pieds des passans.
Il faut un nouveau temple, un nouveau sanctuaire,
Pour le Dieu trois fois saint, il faut un autre autel.
Viens sur des cœurs nouveaux, viens, Esprit de lumière
　　Établir ton règne éternel.

C'est assez, c'est assez de faveurs immortelles :
Sois à jamais béni, jour saint, précieux jour ! ! !
Et toi, Prélat, repars pour des cités nouvelles
Et porte à d'autres cœurs tes soins et ton amour.
Vois cent peuples divers, sur ton heureux passage,
Offrir, avec respect, et l'encens et les fleurs :
Ta mémoire à jamais sera chère au village,
　　Ton nom vivra dans tous les cœurs.

XXV.

FÊTE-DIEU.

AIR Nº. 28.

Dans le délire de leur gloire,
De superbes triomphateurs
Traînaient à leur char de victoire
Des rois et des peuples en pleurs :
Mais notre Dieu, roi de tendresse,
Paraît pour calmer nos douleurs ;
Sur son passage, avec ivresse,
Venez, venez, semons des fleurs.

Oh ! non, ce n'est point par les armes,
Que Jésus triomphe en ce jour ;
Mais, plein de douceur et de charmes,
Il vient triompher par l'amour.

Honneur à ce roi de tendresse !
A ses pieds, déposons nos cœurs :
Sur son passage, avec ivresse,
Venez, venez, semons des fleurs.

Quelle est son imposante escorte ?
Des pauvres, des petits enfans...
Écoutez ; sa voix les exhorte
A rassurer leurs pas tremblans :
« Petits enfans que l'amour presse,
Venez m'offrir vos jeunes cœurs ;
Sur mon passage, avec ivresse,
Venez, venez, semez des fleurs. »

Jadis, sur sa trace mortelle,
Il ne laissa que des heureux ;
Ainsi, sa bonté paternelle,
Aime encore à combler nos vœux.
Avec transport, son cœur nous presse,
Il nous appelle à ses faveurs :
Sur son passage, avec ivresse,
Venez, venez, semons des fleurs.

Jésus, dont les mains bienfaisantes,
Sur nous, sans fin, daignent s'ouvrir,

Entends nos voix reconnaissantes
Qui s'élèvent pour te bénir.
Oui, Dieu d'amour, dans notre ivresse,
A toi, nous consacrons nos cœurs ;
A tes pieds, nous viendrons, sans cesse,
Offrir notre encens et nos fleurs.

XXVI.

SACRÉ-CŒUR DE JÉSUS.

AIR : No. 58.

Une voix pure et tendre,
Partout, nous fait entendre
Un murmure confus ;
Depuis le brin de l'herbe,
Jusqu'au cèdre superbe,
Tout dit : aimez Jésus.
   Amour, céleste flamme,
C'est le cri des élus,
C'est le cri de mon ame,
Pour le cœur de Jésus.

L'oiseau, sous le feuillage,
Unit son doux langage

Aux sons de l'Angelus ;
La vague fugitive
Et la brise plaintive
Disent : aimez Jésus.
    Amour, etc.

Quand, à l'heure suprême,
Paraîtra la mort blême,
A mes yeux éperdus,
Mon ame délaissée
N'aura qu'une pensée :
Aimons, aimons Jésus.
    Amour, céleste flamme,
    C'est le cri des élus,
    C'est le cri de mon ame,
    Pour le cœur de Jésus.

XXVII.

A L'ANGE GARDIEN.

AIR : N°. 44.

Mon cœur est triste et délaissé,
Et la mort, de son bras glacé,
    Déjà m'oppresse.
Qui pourra calmer mon effroi ?
Mon bon ange, ah ! secourez moi,
    Dans ma détresse.
    Ange du ciel,
    De l'espérance,
    Sur ma souffrance,
    Versez le miel.
    Bonheur étrange !
    Avec mon ange,
    Je vais au ciel.

Au pied de mon lit de douleur,
Je vois ma mère qui se meurt,
    Ma pauvre mère !....
— O ma mère, ne pleurez pas,
Donnez plutôt à mon trépas,
    Une prière.
    Ange du ciel, etc.

J'entends la cloche du matin,
Annoncer à l'écho lointain,
    Mon agonie.
Chacun se dit en soupirant :
« C'est un exilé qui se rend,
    Dans sa patrie. »
    Ange du ciel, etc.

Mon cœur est triste et délaissé,
Et la mort, de son bras glacé,
    Déjà m'oppresse.
Qui pourra calmer mon effroi ?
Mon bon ange, ah ! secourez-moi,
    Dans ma détresse.
    Ange du ciel, etc.

Je le vois mon ange gardien,
Avec amour, serrant ma main
    Froide et glacée :
— Viens, me dit-il, près du grand Roi,
Tu seras heureux avec moi,
    Ma fiancée.
    Ange du ciel, etc.

Adieu, parens, ma mère, adieu.
Je vais, dans le sein de mon Dieu,
    Puiser la vie.
J'entrevois déjà ses splendeurs
Et j'entends des célestes chœurs
    La voix bénie.
    Ange du ciel,
    De l'espérance,
    Sur ma souffrance,
    Versez le miel.
    Bonheur étrange !
    Avec mon ange,
    Je vais au ciel.

XXVIII.

LA TOUSSAINT.

AIR : N_o. 12.

Vous qui coulez, sur cette terre,
Des jours marqués par les douleurs,
Oh ! sous le poids de la misère,
Ne laissez point fléchir vos cœurs.
Voyez, au-dessus de vos têtes,
Ces palais rayonnans d'espoir :
Sachez qu'à leurs heureuses fêtes
Un jour, vous irez vous asseoir.

Jéhovah dont la main puissante
Sema les mondes par les airs,
Ce Dieu dont l'ame bienfaisante
Veille au bonheur de l'univers ;

C'est là, dans ce séjour de gloire,
Qu'il réside ce Dieu d'amour
Qui, d'une éternelle victoire,
Couronne nos combats d'un jour.

Autour de lui, voyez les anges,
Heureux d'obéir à sa voix,
Déployer leurs mille phalanges
Et bénir son nom mille fois.
La lyre, sous leurs doigts, s'anime,
Le luth, en sons mélodieux,
Sans fin, redit ce chant sublime :
Paix à la terre et gloire aux cieux !

Dieu ! quelle éclatante auréole
Rayonne au front de ces prélats
De qui l'éloquente parole
Foudroya l'impie ici-bas.
Ils sont assis sur les nuages,
Nageant dans des flots de clarté :
Leur nom sacré, malgré les âges,
Est jeune d'immortalité.

Quelle est cette légion sainte
Dont la pourpre honore le sein ?

De verts lauriers leur tête est ceinte ;
La palme brille dans leurs mains.
Ce sont ces chrétiens magnanimes
Qu'éprouva le fer des tyrans,
Qui tombèrent, héros sublimes,
Pour se relever triomphans...

Vous qui coulez, sur cette terre,
Des jours marqués par les douleurs,
Oh ! sous le poids de la misère,
Ne laissez point fléchir vos cœurs,
Voyez, au-dessus de vos têtes,
Ces palais rayonnans d'espoir,
Sachez qu'à leurs heureuses fêtes,
Un jour, vous irez vous asseoir.

Jadis, on vit le solitaire
Abandonner, avec transport,
Les vains royaumes de la terre,
Pour conquérir le vrai trésor.
Son cœur, à ce monde éphémère,
Disant un éternel adieu,
Sur les ailes de la prière,
Allait s'abimer en son Dieu.

Et mort déjà, dès cette vie,
Enseveli dans les forêts,
Il vivait dans cette patrie,
Où les élus s'aiment en paix.
L'amour enfin brisant ses chaînes,
Il s'est envolé vers le ciel :
Pour lui, plus de pleurs, plus de peines,
La vie a perdu tout son fiel.

Je vois aussi, parmi les roses,
Les vierges, ces lis de nos champs,
Briller, comme des fleurs écloses,
Au premier souffle du printems.
Toujours de fraîches immortelles
Enlaceront leur front si pur :
Leurs blanches robes seront belles,
Tel qu'à nos yeux un ciel d'azur.

Nous qui coulons, sur cette terre,
Des jours marqués par les douleurs,
Oh ! sous le poids de la misère,
Ne laissons point fléchir nos cœurs.
Contemplons, contemplons sans cesse
Ces palais créés par l'amour :
A leurs banquets, avec ivresse,
Nous irons nous asseoir, un jour.

XXIX.

POUR LA TOUSSAINT.

AIR : N°. 55.

O d'Israël l'espérance et la gloire,
Justes, goûtez un paisible repos.
Dormez, dormez au sein de la victoire,
La paix du ciel inonde vos tombeaux...
Et nous, jetés sur ce lieu de misères,
Nous exilés du bonheur des heureux,
Souvenez-vous que vous êtes nos frères :
Penchez, sur nous, vos fronts victorieux.

Le vent mauvais qui souffle sur nos plages
Courba jadis vos fronts humiliés :

Vos fronts brillans, plus forts que les orages
Sont aujourd'hui couronnés de lauriers.
Et nous, jetés sur ce lieu de misères,
Nous, exilés du bonheur des heureux,
Souvenez-vous que vous êtes nos frères :
Penchez, sur nous, vos fronts victorieux.

XXX.

LE JOUR DES MORTS.

AIR : N.

L'épouse du Seigneur a dépouillé ses charmes,
Triste, elle a revêtu ses longs habits de deuil.
Que vois-je? un noir manteau, semé de blanches larmes
De nos frères souffrans pèse sur le cercueil.
L'airain retentissant de nos clochers gothiques
Du juste ne dit plus le carillon joyeux;
Et l'orgue prête aux morts ses sons mélancoliques,
    Pour porter leurs soupirs aux cieux.

Mondains, ah! suspendez vos plaisirs et vos fêtes;
Cessez tous ces festins où s'enivrent vos cœurs;

Arrachez ces joyaux qui brillent sur vos têtes,
En ce grand jour de deuil, doivent couler des pleurs.
Venez, avec le prêtre, en ce lieu solitaire,
Où le vieillard sommeille à côté de l'enfant ;
Où gît le riche altier, comme un cèdre en poussière
    Déraciné par l'ouragan.

Oh ! que ce champ me parle une haute parole !
Qu'il révèle à mes yeux de terribles secrets !
Gloire, richesse, honneur... tout m'y paraît frivole,
La vertu seule ici conserve ses attraits.
Venez ; agenouillés sur la funèbre pierre
Qui recouvre une mère, un ami bienfaisant,
Écoutons, au milieu des pleurs, de la prière,
    Des morts le silence éloquent :

« Prenez pitié de nous, vous nos amis, nos frères,
Car le bras du Seigneur contre nous s'est armé :
Mais ce Dieu si terrible est le meilleur des pères,
A la voix de l'enfant son courroux est calmé.
Priez-le donc, priez ! qu'une ardente prière
Parle de nos malheurs à son cœur généreux.
La prière éteindra les feux de sa colère,
    La prière ouvrira les cieux. »

Dieu de miséricorde, hélas ! ma voix de glace
Jusqu'à toi ne peut faire arriver ses soupirs ;
Mais les élus du ciel te parlent à ma place :
Seigneur, seras-tu sourd à leurs ardens désirs ?
Non, non ; tu recevras de leurs mains innocentes
Et l'offrande du pauvre et mes gémissemens.
Je vois monter vers toi leurs prières brûlantes,
   Comme les flots d'un pur encens.

L'épouse du Seigneur a dépouillé ses charmes :
Triste, elle a revêtu ses longs habits de deuil.
Que vois-je ? un noir manteau, semé de blanches larmes,
De nos frères souffrans pèse sur le cercueil.
L'airain retentissant de nos clochers gothiques
Du juste ne dit plus le carillon joyeux,
Et l'orgue prête aux morts ses sons mélancoliques,
   Pour porter leurs soupirs aux cieux.

XXXI.

POUR L'INAUGURATION D'UNE ÉGLISE.

AIR : N°. 12.

Tandis que le siècle en démence
Se révolte contre le ciel
Et, sur la foi de notre France,
Verse l'ironie et le fiel,
Le juste, ferme en sa croyance,
Combat ces efforts criminels,
Le juste, au Dieu de son enfance,
Élève de nouveaux autels.

Seigneur, du haut du temple immense,
Où t'adorent les nations,

Jette un regard de complaisance,
Sur le temple que nous t'offrons.
Il est indigne de ta gloire,
Indigne de ta majesté :
Car, à tes yeux, l'or et l'ivoire
Brillent d'un éclat emprunté.

Mais tes délices les plus chères
Sont d'être parmi tes enfans ;
Tu fis un pacte avec nos pères,
Tu veux accueillir nos sermens.
Daigne, Seigneur, bénir toi-même
Ces murs qu'ont élevés nos mains,
Afin que ta grandeur suprême
Réside au milieu des humains.

C'est ici que l'eau du baptême,
Coulant sur le front de l'enfant,
En effacera l'anathême,
Stigmate du coupable Adam ;
Et quand de sa robe si pure
Il verra l'éclat se ternir,
Qu'il vienne en laver la souillure,
Dans les larmes du repentir.

3..

Chaque jour, la grande victime,
Holocauste du genre humain,
Viendra, sur cet autel sublime,
S'offrir sous la forme d'un pain.
Embrasez-vous, ame du juste ;
Chrétien sans force et sans aveu,
Venez à cette table auguste,
Mangez ce pain : c'est votre Dieu.

C'est là que la parole sainte,
Ce fanal ardent et luisant,
Ravivera la flamme éteinte
Au cœur du chrétien languissant :
Oui, c'est là que l'ame flétrie,
Que le cœur tiède et sans chaleur,
Viendront reprendre une autre vie,
Au souffle vivant du Seigneur.

C'est le séjour de l'espérance,
Ouvert à tous les cœurs souffrans,
La nouvelle arche d'alliance,
Où Dieu recueille ses enfans.
Ici, comme en un port tranquille,
L'ame respire de ses maux,

Le pêcheur y trouve un asyle,
Le cœur fatigué son repos.

O ciel ! que de douleurs amères
Vont s'y convertir en douceurs,
Et combien d'humides paupières
Verront enfin sécher leurs pleurs,
Du Dieu bon l'oreille attentive
S'ouvre à nos supplications,
Et sa main, sur l'ame plaintive,
Verse les consolations.

Dès que l'oiseau du voisinage
Éveillera l'écho des bois,
Et que la cloche du village
Fera parler sa douce voix,
L'ange qui veille au sanctuaire
Me verra venir en ce lieu,
Apporter mon humble prière,
Mon humble prière à mon Dieu.

Et dans le cours de la journée,
Quand les soins d'un monde mauvais

Retiendront mon ame enchaînée,
Loin de cet asyle de paix ;
Alors bien souvent ma pensée,
Se dégageant d'un poids si lourd,
Vers cette enceinte délaissée,
Enverra des élans d'amour.

Le soir, quand la cloche chérie
Trois fois tintera l'Angelus,
Là, je viendrai bénir Marie,
Bénir aussi l'Enfant Jésus.
Comme l'ange du sanctuaire
Qui nuit et jour prie à l'autel,
Mon corps sera sur cette terre,
Mon ame sera dans le ciel.

XXXII.

AVANT LA BÉNÉDICTION.

AIR : N°. 8.

Seigneur, mon cœur languit et mon ame est aride,
    Sous mes pas, s'ouvre le tombeau :
Je suis, sur ce désert, comme une plante avide
    Qui demande au ciel un peu d'eau.

Pourquoi, Seigneur, pourquoi promener, sur nos têtes,
    De ta fureur les traits brûlans ?
Et pourquoi, sous le choc de tes lourdes tempêtes,
    Ecraser la fleur du printems ?

Seigneur, entends gémir ma poitrine oppressée,
 Vers toi s'exhalent mes accens...
Viens., oh ! viens rafraîchir, sous ta douce rosée,
 La fleur qui se meurt dans les champs.

APRÈS LA BÉNÉDICTION.

AIR : N°. 7.

Il a paru le Dieu qui lance le tonnerre !
 Il a paru dans sa douceur :
Sa bouche avec amour a dit : « paix à la terre !
 Béni soit l'enfant du malheur ! »

J'étais, sur le désert, comme un aiglon sans ailes,
 Tombé de son nid protecteur.
Oh ! qui m'a réchauffé dans ses mains paternelles ?
 C'est vous, mon Dieu, c'est vous, Seigneur.

C'est vous... entre vos mains, ma lampe pâlissante
 Voit se rallumer sa splendeur.
Votre souffle vivant à ma tige mourante
 Rend et sa sève et sa verdeur.

Dieu de bonté, c'est vous ! aussi, dans mon ivresse,
Je vous bénirai par mes chants.
Vous serez, ô mon Dieu, le Dieu de ma jeunesse,
Et le Dieu de mes derniers ans.

XXXIII.

A L'OFFERTOIRE.

AIR : No. 5.

Je vois Jésus, notre auguste victime,
S'offrir encore à son père éternel.
Pour nous sauver, Dieu ! quel transport l'anime !
Quoique innocent, il se fait criminel.

Divin Agneau, notre précieux gage,
Comment pouvoir acquitter tant d'amour ?
Ah ! nous voulons être à vous sans partage,
Et vous payer d'un généreux retour.

Nous vous offrons le cœur de tous les hommes,
De nos forfaits le plus vif repentir ;
Et nous jurons, tous autant que nous sommes,
De vous aimer jusqu'au dernier soupir.

Anges du ciel, témoins de nos faiblesses,
Vous que je vois environner l'autel,
Soyez ici garans de nos promesses,
Portez nos vœux aux pieds de l'éternel.

XXXIV.

A L'ÉLÉVATION.

AIR : N°. 22.

O vous qu'un feu sacré dévore,
Animez nos cœurs et nos voix ;
Prêtez-nous la harpe sonore
Pour célébrer le Roi des rois.
Qu'à l'aspect d'un si grand mystère,
Les cieux s'inclinent vers la terre ;
Jésus paraît sur cet autel;
A Jésus, amour et louanges!
Chantons, chantons, avec les anges :
A Jésus, amour éternel !

Quand le printemps, sur la nature,
A jeté son manteau de fleurs,

La terre, changeant de parure,
Brille des plus vives couleurs :
Ainsi mon ame, ô Dieu de vie,
Par ta présence est rajeunie.
Jésus paraît, etc.

Oh ! sur ce désert misérable
Tout palpitant de nos douleurs,
Sois à jamais, Sauveur aimable,
Le baume assuré de nos cœurs.
Avec toi, les maux de la vie
Sont à mes yeux dignes d'envie.
Jésus paraît sur cet autel ;
A Jésus, amour et louanges !
Chantons, chantons, avec les anges :
A Jésus, amour éternel !

XXXV.

AIR : Nos. 11 ET 10.

Descends des cieux, toi que mon cœur adore ;
Quitte au plutôt le fortuné séjour.
Viens, mon Jésus, comme la douce aurore,
Viens verser, dans mon cœur, l'espérance et l'amour.

Admirons tous ce mystère sublime ;
Jésus descend de son trône éternel :
Du genre humain voilà l'humble victime,
Voilà le roi des cieux présent sur cet autel.

O chérubins, vous qui vivez d'extase,
Vous que Jésus enivre de bonheur,
Consumez-moi du feu qui vous embrase
Et que le Dieu d'amour seul possède mon cœur.

XXXVI.

AIR : No. 2.

Il vient, porté sur les nuages,
　　Tout radieux.
Sous ses pas, chassant les orages,
Il vient répandre, sur nos plages,
　　Les dons des cieux.

La mère dort, mais son cœur veille,
　　Près de son fils.
Jamais son amour ne sommeille ;
Elle tressaille, elle s'éveille,
　　Aux moindres cris.

Ainsi, ton oreille attentive
　　S'ouvre à nos pleurs ;
Ainsi, comme la source vive,
Ton baume coule à pleine rive,
　　Sur nos douleurs.

XXXVII.

AIR: No. 20.

Un Dieu paraît : mortels, silence !
Que tout se taise en sa présence.
Des saints le concert solennel
    Commence,
Adorons le maître immortel
    Du ciel.

Toi que mon pauvre cœur réclame,
Embrase d'une vive flamme
Et de la plus constante ardeur
    Mon ame.
Sois, ô bien-aimé, de mon cœur
    Vainqueur.

Que notre bonheur est extrême !
Voyez combien Jésus nous aime.
Puissions-nous, grand Dieu, te chérir
De même,
Et, dans ton bien doux souvenir,
Mourir !

XXXVIII.

AIR : N°. 9.

Jésus, mon seul bonheur,
A toi, je consacre ma lyre ;
Jésus, mon seul bonheur,
A toi, je consacre mon cœur.
Mon cœur, ô Dieu d'amour,
Est à toi sans retour.
A toi, mon Dieu, je consacre mon cœur,
A toi, mon seul bonheur.

Il vient le Dieu d'amour ;
Les grâces de ses mains ruissellent :
Il vient le Dieu d'amour,
Pour combler nos cœurs sans retour.
Le luth des chérubins
S'exhale en sons divins ;
Mêlons nos voix à la céleste cour,
Chantons le Dieu d'amour.

Celui qui règne aux cieux,
Mortels, il nous chérit encore:
Celui qui règne aux cieux
Reçoit notre encens et nos vœux.
Il daigne, sans retour,
Couronner notre amour.
Ah! que nos cœurs, dans leurs transports heureux,
Chantent le roi des cieux.

Jésus, mon seul bonheur,
A toi, je consacre ma lyre,
Jésus, mon seul bonheur,
A toi, je consacre mon cœur.
Mon cœur, ô Dieu d'amour,
Est à toi, sans retour.
Mêlons nos voix à la céleste cour,
Chantons le Dieu d'amour.

XXXIX.

A LA COMMUNION.

AIR : N°. 27.

Voici le moment où nos ames
Vont s'unir à Dieu pour toujours :
Entourons des plus vives flammes
Le digne objet de nos amours.
Il est à moi celui que j'aime,
Il est à moi mon doux Sauveur :
Heureux moment ! bonheur suprême !
Mon bien-aimé règne en mon cœur.

Sur cette mer, grosse d'orages,
Guide nos pas mal assurés;

Préserve à jamais des naufrages
Nos cœurs qui te sont consacrés.

  Il est à moi , etc.

O mon Jésus, ô mes délices,
Je ne veux vivre que pour toi :
Pour toi, les plus grands sacrifices,
Seront toujours doux à ma foi.
Il est à moi celui que j'aime,
Il est à moi, mon doux Sauveur :
Heureux moment ! bonheur suprême !
Mon bien-aimé règne en mon cœur.

XL.

A LA COMMUNION.

AIR : N°. 55.

Vous qui, du haut des voûtes éternelles,
Venez ici faire à Dieu votre cour,
Volez, sans bruit, volez anges fidèles,
Ne troublez point ce mystère d'amour.
Il vient à moi le Dieu que je soupire,
Il vient à moi mon époux gracieux ;
Avec amour, je chante sur ma lyre :
Gloire à Jésus ! gloire au plus haut des cieux !

Anges du ciel, remontez en silence,
Portez mes vœux à l'immortel séjour ;

L'agneau de Dieu, Jésus, mon espérance,
M'a couronné de bonheur et d'amour.
Il est à moi le Sauveur que j'adore,
Il est à moi mon époux gracieux ;
Chantons, chantons sur ma lyre sonore :
Gloire à Jésus ! gloire au plus haut des cieux !

XLI.

SOUPIRS D'UN JEUNE COMMUNIANT.

AIR · N°. 24.

O toi dont mon ame
A soif en ce jour,
Toi qu'elle réclame,
Dieu de son amour ;
Oh ! daigne sourire
A ton jeune enfant :
Mon cœur te soupire,
Mon cœur innocent.

L'herbe, à la prairie,
Recherche les eaux :
Et moi, je t'envie,
Baume de mes maux.
O toi dont mon ame, etc.

Dis-moi qui diffère
Un pareil bienfait ?
Entends ma prière,
Vois, mon cœur est prêt...
O toi dont mon ame
A soif en ce jour,
Toi qu'elle réclame,
Dieu de son amour ;
Oh ! daigne sourire
A ton jeune enfant :
Mon cœur te soupire,
Mon cœur innocent.

ACTION DE GRACES.

L'hôte le plus tendre,
O jour de bonheur !
A daigné descendre,
Dans mon pauvre cœur.
Époux de mon ame,
Reçois désormais
Ma bien vive flamme,
Pour tous tes bienfaits :

Oui, Dieu plein de charmes,
A toi, sans retour,
Ma joie et mes larmes,
A toi, mon amour.

Le froment de l'ange
A nourri ma faim ;
Heureux donc qui mange
Ce mystique pain !
Epoux de mon ame, etc.

De ton saint calice,
J'étais altéré :
Oh ! de quel délice,
Je suis enivré !
Epoux de mon ame,
Reçois désormais
Ma bien vive flamme,
Pour tous tes bienfaits :
Oui, Dieu plein de charmes,
A toi, sans retour,
Ma joie et mes larmes,
A toi, mon amour.

XLII.

CANTATE POUR LA 1re COMMUNION

IMITÉE DE PLUSIEURS AUTEURS.

AIR : N°. 4.

1.

CHOEUR DES FILLES.

O jour le plus beau de ma vie !
O jour sacré parmi les jours !
Que vois-je ? un ange me convie
Au banquet des saintes amours.
Salut, jour du plus doux mystère !
Vite, préparez, ô ma mère,

Mon voile pur comme mon cœur.
Que tout soit saint en cette fête,
Qu'un lis sans tache, ornant ma tête,
Au ciel, révèle ma candeur.

CHOEUR DES GARÇONS.

Beau jour entre les jours ! jour d'amour et d'ivresse !!!
Je vois l'Enfant Jésus qui m'invite et me presse,
Avec un doux sourire, il me prend par la main :
« Viens, me dit-il, ami que l'infortune accable,
Viens, avec mes élus, viens t'asseoir à ma table,
Viens te reposer sur mon sein. »

PREMIER CHOEUR.

Celui qui dans ce jour se donne,
Oui, c'est l'aimable Enfant Jésus ;
De grâce et d'amour il couronne
Le front de ses petits élus.
Ce Dieu qui plaint notre faiblesse,
Soutient l'enfant de sa tendresse

Qui marche avec peine et lenteur.
Voyez comme sa main divine
Vient toujours arracher l'épine,
Dans le chemin du voyageur.

DEUXIÈME CHOEUR.

Du sage et de l'enfant c'est le maître sublime ;
C'est, au sein de la mort, l'ame qui nous anime,
C'est l'auguste flambeau qui dans le ciel nous luit ;
Et, sur ce désert où l'homme égaré chemine,
C'est le signal hissé, c'est la cloche divine,
    C'est le sentier qui nous conduit.

PREMIER CHOEUR.

Aux fleurs, il donne leur peinture,
Il fait naître et mûrir les fruits ;
Il leur dispense, avec mesure,
Le souffle du jour et des nuits.
Quand, sous le poids de sa misère,
L'homme est courbé vers cette terre

Qu'arrosent les pleurs de son front,
Ce Dieu, fécondant la nature,
Bientôt lui rend, avec usure,
Les grains confiés au sillon.

DEUXIÈME CHOEUR.

O vous que l'éternel bénit et récompense,
Sur qui pleuvent du ciel la joie et l'abondance,
Ingrats ! un Dieu si bon ne peut-il vous charmer ?
Mais vous ne connaissez qu'une crainte servile ;
Est-il donc, à vos yeux, est-il si difficile
    Et si pénible de l'aimer ?

PREMIER CHOEUR.

L'esclave que le maître outrage
De son maître craint la fureur ;
Mais l'amour est notre apanage,
L'amour nous unit au Seigneur.
Mais vous, ô noirceur sans égale !
Ce Dieu dont la main libérale,

Sur vous, ne se ferme jamais :
Jamais votre cœur ne l'adore,
Et pourtant, vous voulez encore
Qu'il vous comble de ses bienfaits.

DEUXIÈME CHOEUR.

Combien de temps, Seigneur, combien de temps encore,
Verrons-nous, dans les pleurs, le peuple qui t'adore,
Verrons-nous, contre toi, les méchans s'élever ?
Que vous sert, disent-ils, cette vertu sauvage ?
Des plaisirs de la vie, oh ! pourquoi fuir l'usage
Pourquoi follement s'en priver ?

PREMIER CHOEUR.

Rions, chantons, a dit l'impie ;
Amis, de plaisirs en plaisirs,
Promenons notre rêverie
Et laissons aller nos désirs.
Puisque la vie est éphémère,
Cueillons-en la fleur passagère,

Oui, cueillons-la, dès le matin.
Sur l'avenir fou qui se fie ;
Usons aujourd'hui de la vie :
Qui sait si nous serons demain ?

DEUXIÈME CHOEUR.

Qu'ils pleurent, ô mon Dieu, qu'ils frémissent de crainte
Ces pécheurs malheureux qui, de ta cité sainte
Ne doivent voir jamais l'éternelle splendeur.
De tous ces vains plaisirs où leur ame se plonge,
Que leur restera-t-il ? ce qu'il reste d'un songe,
Dont, au réveil, on voit l'erreur.

PREMIER CHOEUR.

Heureux, mon Dieu, le cœur fidèle,
Le cœur épris de tes attraits,
Qui se repose sous ton aile,
A l'ombre de tous tes bienfaits !
Heureux l'enfant que Jésus aime,
Qu'il daigne protéger lui-même,

Qu'il met à l'abri de son cœur !
Des coups de ce siècle perfide,
Celui dont Jésus est le guide
Ne craindra jamais la fureur.

DEUXIÈME CHOEUR.

Heureuse mille fois, bienheureuse l'enfance
Que le Seigneur instruit et prend sous sa défense,
Qui croît, loin des mondains, à l'ombre de l'autel !
Tel, près d'un peuplier qu'arrose une onde pure,
On voit un jeune lis, l'orgueil de la nature,
  Dresser sa tige vers le ciel.

LE PRÊTRE.

« Jeunes enfans, faites silence ;
Cessez vos hymnes et vos chants :
Voici le grand Dieu qui s'avance,
Pour bénir les petits enfans.
Le Dieu bon, le Sauveur réclame,
Avec amour, votre jeune ame

Que l'innocence orne si bien ;
Allez à sa table bénite,
C'est votre Dieu qui vous invite,
Allez, enfans, ne craignez rien.

« Déjà de mille feux l'autel saint étincelle,
Enfans, baissez les yeux ; que tout en vous décèle
La candeur et l'amour, la douce paix du cœur.
A votre ange gardien, donnez votre main blanche ;
Et, le bras appuyé sur son aile qui penche,
   Ensemble marchez au Seigneur.

« Jadis, aux bergers de l'étable
Jésus disait : » venez à moi ;
Car votre cour est préférable
A l'escorte du plus grand roi. »
Ainsi, ce Sauveur débonnaire,
Sans rebuter votre misère,
A lui vous appelle en ce jour.
Et, pour une faveur si grande,
Savez-vous bien ce qu'il demande ?
Ce qu'il demande ? un peu d'amour...

« Quand, à Jérusalem, les enfans de votre âge,
En foule, se pressaient sur son heureux passage,
Il leur disait : « venez, approchez jusqu'à moi.»
Et vous, pauvres petits qu'un monde vain repousse
Ah ! voilà qu'une main mystérieuse et douce
      Vous mène à Jésus par la foi...»

LES FILLES.

O jour le plus beau de ma vie !
O jour sacré parmi les jours !
Que vois-je ? un ange me convie
Au banquet des saintes amours.
Salut, jour du plus doux mystère !
Vite, préparez, ô ma mère,
Mon voile pur comme mon cœur.
Que tout soit saint en cette fête,
Qu'un lis sans tache, ornant ma tête,
Au ciel, révèle ma candeur.

LES GARÇONS

Beau jour entre les jours ! jour d'amour et d'ivresse !
Je vois l'Enfant Jésus qui m'invite et me presse,

Avec un doux sourire, il me prend par la main.
« Viens, me dit-il, ami que l'infortune accable,
Viens, avec mes élus, viens t'asseoir à ma table,
Viens te reposer sur mon sein. »

II.

CHOEUR DES PARENS.

Du haut du ciel, troupe des anges,
Laissez tomber vos harpes d'or ;
Ou plutôt, aidez nos louanges
Et chantons d'un commun accord :
Gloire à l'auteur de notre joie
Que le Seigneur lui-même envoie,
Habiter des cœurs innocens !
O ciel ! il descend de son trône,
Et vient, d'une blanche couronne,
Ceindre le front de nos enfans.

Salut, gage d'amour, fleur de notre espérance !
Ainsi qu'un tendre frère, à la fragile enfance,

Tu prêtes de ton bras l'appui mystérieux.
Aplanis sous leurs pas le chemin de la vie,
Sois leur ange gardien, sois cette main amie
    Qui les dépose dans les cieux.

    Du haut du ciel, troupe des anges,
    Laissez tomber vos harpes d'or,
    Ou plutôt, aidez nos louanges
    Et chantons d'un commun accord :
    Gloire à l'auteur de notre joie
    Que le Seigneur lui-même envoie,
    Habiter des cœurs innocens !
    O ciel ! il descend de son trône
    Et vient, d'une blanche couronne
    Ceindre le front de nos enfans.

III.

LE PRÊTRE.

Voilà que maintenant votre œuvre est consommée...
Ah ! venez dans mes bras, jeunesse bien-aimée,

Me raconter bien bas tout ce qu'ont vu vos yeux :
Ce beau ciel inondé de sublimes mystères ,
Et puis, la sainte Vierge et les anges vos frères ,
    Vous êtes des anges comme eux.

LES ENFANS.

Notre bouche ne saurait dire
En ce moment délicieux
Ce que nos yeux, dans leur délire,
Ont vu dans les splendeurs des cieux.
Jamais , on a bu sur la terre
Cette eau vive qui désaltère
Les vierges et les séraphins ;
Et jamais musique pareille ,
  Ici-bas, ne charma l'oreille ,
Comme au concert des chérubins...

LE PRÊTRE.

A genoux , mes enfans, que votre voix s'élève ,
Pour remercier ce Dieu qui vous fait voir en rêve

Le bonheur des élus, et son trône et son ciel ,
Et ses anges, tout ceints de blanches auréoles ,
Qui vous disent au cœur de bien tendres paroles ,
    Aussi suaves que le miel.

LE CHOEUR.

Première voix.

Oui , que votre douce prière
  Rende grâce au Dieu créateur.
Voyez, dans la nature entière ,
Tout être bénit le Seigneur :
La biche lui rend son hommage ;
Le jeune oiseau, dans le bocage ,
Lui chante un hymne à son réveil ;
L'insecte brillant qui voltige ,
Le lis dressant sa blanche tige ,
Aux premiers rayons du soleil.

Deuxième voix.

Tout bénit le Seigneur, tout proclame sa gloire.
Enfans , que votre cœur conserve la mémoire

De ce jour à jamais auguste et renommé,
Où le Dieu des chrétiens, le maître de la vie,
Sous la forme d'un vin et d'une blanche hostie,
    Vous offrit son cœur enflammé.

LES ENFANS.

    O douceur, ô bonté suprême !...
    Le Dieu qui nourrit nos aïeux
    Aujourd'hui s'est donné lui-même,
    Caché sous un pain précieux.
    Autrefois, d'une roche aride
    On vit une source limpide,
    Au désert, jaillir par torrent;
    Mais, Jésus-Christ, nouveau Moïse,
    En ce jour d'heureuse surprise,
    Vient nous abreuver de son sang.

LE PRÊTRE.

O vous qui possédez le Dieu de votre enfance,
Priez donc, élevez la voix de l'innocence :
La prière s'épure en passant par vos cœurs.
Les anges porteront au Dieu de la jeunesse,

Comme un parfum des soirs, et vos chants d'allégresse
    Et le doux encens de vos pleurs.

LES FILLES.

O toi dont l'oreille s'incline
Au nid du pauvre passereau,
Au brin d'herbe de la colline
Qui soupire après un peu d'eau ;
Prends pitié de ma pauvre mère
Qui, comme un ange tutélaire,
Se tient debout à mon côté ;
Qui me préserve de la foule,
Comme au désert une eau qui coule
Toujours dans sa virginité.

LES GARÇONS.

De mon père qui vit de peine et de fatigue,
Comme le bon pasteur qui, chaque jour, prodigue

Son amour et ses soins, sa vie à ses brebis :
Comme l'oiseau qui cherche une graine nouvelle,
Tandis qu'avec amour la mère, sous son aile,
    Au nid, réchauffe ses petits.

LE CHOEUR.

    O Dieu, que la gloire couronne,
    Qui voles sur l'aile des vents,
    Permets d'arriver à ton trône
    Les vœux de tes petits enfans.
    Avec amour, il les pardonne;
    Du cœur ingrat qui l'abandonne
    Ce bon père attend le retour :
    Comme il excuse leur faiblesse !...
    Une mère a moins de tendresse,
    Pour l'enfant qu'elle a mis au jour.

Tous ensemble.

Que le Seigneur est bon ! que son joug est aimable !
Vouons-nous pour jamais à ce maître adorable ;

Que son nom soit béni, que son nom soit chanté !
Que l'univers entier célèbre ses ouvrages ;
Qu'il soit aimé, chéri par-delà tous les âges,
Au-delà de l'éternité! ! !

FIN DU LIVRE PREMIER.

LIVRE SECOND.

HYMNES A LA TRÈS-SAINTE VIERGE.

CHANT XLIII.

HYMNE A LA SAINTE VIERGE.

AIR : Nos. 16 et 22.

A toi, Marie, à toi ma lyre !
A toi, mes chants et mon amour !
Toi seule éveilles mon délire,
A toi, ma lyre sans retour !
Chantons, ô ma lyre fidèle,
Chantons à la Vierge immortelle :
Rose du ciel, lis enchanteur,
Doux miel que ma lèvre réclame,
Viens, oh ! viens parfumer mon ame,
Viens verser ton baume en mon cœur·

Accordez ma lyre joyeuse,
Esprits des cieux, purs séraphins,
Que votre voix mélodieuse
Dise à ma voix des chants divins.
    Chantons, etc.

Quel est cet astre qui colore
Les noirs sentiers de mon chemin ?
C'est toi, plus belle que l'aurore,
Ma blonde étoile du matin.
    Chantons, etc.

Lorsque ta bienfaisante étoile
La nuit, m'apparaît dans les airs,
Au port, rentre ma blanche voile,
Ma voile errante au sein des mers.
    Chantons, etc.

J'ai vu nos villes désolées
En proie aux plus cruels fléaux ;
J'ai vu leurs places dépeuplées
Présenter l'aspect des tombeaux.
    Chantons, etc.

Du milieu de notre misère,
Nos pleurs ont invoqué ton nom.
Soudain ton souffle salutaire
Vint éclaircir notre horizon.
     Chantons, etc.

A toi, Marie, à toi ma lyre !
A toi, mes chants et mon amour !
Toi seule éveilles mon délire,
A toi, ma lyre sans retour !
Chantons, ô ma lyre fidèle,
Chantons à la Vierge immortelle :
Rose du ciel, lis enchanteur,
Doux miel que ma lèvre réclame,
Viens, oh ! viens parfumer mon ame,
Viens verser ton baume en mon cœur.

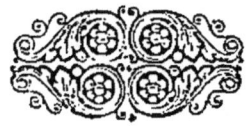

XLIV.

L'ANGELUS.

AIR N°. 20.

Entendez l'Angelus qui tinte,
L'écho du soir redit sa plainte ;
Vierges, accourez en ces lieux,
    Sans crainte,
Offrir à la Vierge des cieux
    Vos vœux.

C'est l'heure du plus doux mystère,
Où l'ame ici-bas solitaire
Et qu'abreuve de tout son fiel
    La terre,
Demande un peu de son doux miel
    Au ciel.

C'est l'heure où l'ame recueillie,
Aux pieds de la Vierge chérie,
Exhale, ainsi que l'encensoir,
  Sa vie,
Et vient ranimer son espoir,
  Le soir.

— La voix de la cloche bénie
A frappé mon ame attendrie ;
A votre appel heureux, j'accours,
  Marie :
Daignez accueillir mes amours
  Toujours.

D'un encens pur et sans mélange
Je viens vous offrir la louange,
Je viens vous dire les saluts
  De l'ange,
Et bénir, avec l'Angelus,
  Jésus.

Mieux que le miel et le cinname,
Votre présence est un dictame

Qui calme toutes les douleurs
De l'ame :
Elle emplit de mille douceurs
Nos cœurs.

Ah ! du milieu de cette enceinte,
Tintez, tintez, ô cloche sainte,
Mêlez à vos accens pieux
Ma plainte,
Portez à la Vierge des cieux
Mes vœux.

Quand la nuit déploîra son aile,
Au pied de cette humble chapelle,
On me trouvera tous les jours
Fidèle ;
Et Marie aura mes amours
Toujours.

XLV.

AIR : N° 18.

A genoux, à genoux !... la cloche du village
Balance dans les airs son tintement pieux.
Avec la cloche sainte, adressons notre hommage
    A la reine des cieux.

Saluons à l'envi l'étoile magnifique,
Le lis de nos vallons éclatant de blancheur,
Cette rose du ciel, cette Vierge mystique
    Qui porta le Sauveur.

Ah ! quand l'ombre des soirs monte sur la colline,
Quand s'éteignent au loin les feux mourans du jour ;
J'aime les tintemens de la cloche divine
    Qui me parle d'amour.

Sur mes lèvres, je sens ruisseler la prière ;
Ta voix, écho céleste, a pour moi la douceur
D'une vierge exhalant, à l'autel solitaire,
    Les accens de son cœur.

A genoux, à genoux ! la cloche du village
Balance dans les airs son tintement pieux.
Avec la cloche sainte, adressons notre hommage
    A la reine des cieux.

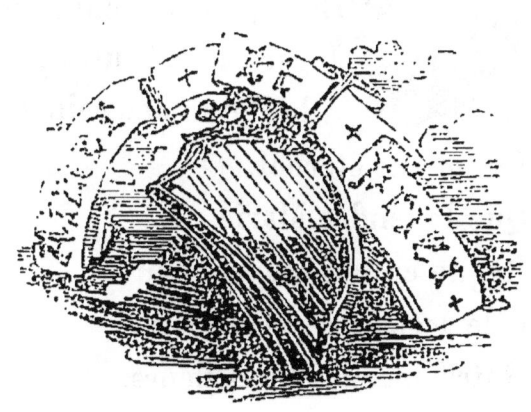

XLVI.

CONSÉCRATION A MARIE.

AIR : N° 26.

Allons, vierges chrétiennes,
Jurer sur cet autel,
A la Reine des reines,
Un amour éternel.
Que la tendre Marie
Règne en nos jeunes cœurs :
Elle accueille, elle envie
Notre encens et nos fleurs.
Marie, ah! ta grâce nous touche,
 Et notre bouche,
 Sans nul retour,
 Te jure amour.

Dans les fêtes du vice,
Trouve-t-on le bonheur ?
Non, non, son noir calice
Est un poison trompeur.
A l'ombre de tes ailes,
Fleuriront à jamais
Les vertus immortelles,
L'innocence et la paix.
Marie, etc.

Jeunesse téméraire,
Voyez un frêle esquif
Se réduire en poussière,
Contre un fatal rescif ;
De ce monde volage
Bravant tout le danger,
Dans quel affreux naufrage,
Vous courez vous plonger ?
Marie, etc.

Mais du sein des tourmentes,
Du milieu des revers,

Levez vos mains tremblantes
Vers l'étoile des mers :
Marie est la boussole
Qui nous montre le bord,
Son souffle bénévole
Toujours nous mène au port.
Marie, etc.

Des vains attraits du monde
Laissons les partisans
Plonger leur ame immonde
Dans les plaisirs des sens.
Nous, enfans de Marie,
Brûlant des plus doux feux,
Consacrons notre vie
A la Vierge des cieux.
Marie, ah ! ta grâce nous touche,
    Et notre bouche,
      Sans nul retour,
      Te jure amour.

XLVII.

LE SAINT NOM DE MARIE.

AIR : N° 25.

O vous dont la blancheur efface
L'éclat éblouissant du lis,
Vous qui suivez l'Agneau de grâce
Dans les sentiers du Paradis;
Qu'un rayon pur de vos fronts se détache,
Qu'il illumine et ma lèvre et mon front :
Je veux parler de la Vierge sans tache,
Je veux bénir et prononcer son nom.

Marie ! ô nom si doux à l'ame !
Nom plus suave mille fois

Qu'un flot d'encens, que le cinname,
Ou que la pelouse des bois
Marie ! étoile au naufragé propice,
Vase béni qui n'eut jamais de fiel,
Fleur du matin qui s'exhale en délice,
Miroir d'amour qui réfléchit le ciel.

Qui pourrait, Vierge immaculée,
Temple d'ivoire, ciel d'azur,
Sur une lèvre encore souillée,
Laisser passer un nom si pur ?
Tout sur la terre à votre nom s'incline,
Le ciel sourit quand on parle de vous,
De vous, Marie, auréole divine
Qu'avec bonheur je contemple à genoux.

O vous dont un monde frivole
Trompa le trop crédule espoir,
Entendez ce nom qui console
Mieux qu'une prière du soir.
Ce nom pieux que l'on aime à redire,
Que les esprits chantent dans leurs concerts
Et que jamais Satan n'ose maudire,
Ce nom divin respecté des enfers.

Prononcez-le dans votre joie,
Prononcez-le dans la douleur,
Ce nom sublime qui renvoie
L'écho d'un pur et vrai bonheur.
Que votre lèvre au jour de l'agonie,
Se ferme et meure en prononçant son nom :
Des mains de Dieu, la touchante Marie,
Fera sur vous ruisseler le pardon,

XLVIII.

LA NATIVITÉ.

AIR : N° 33.

Terre, asyle de crimes,
Tes enfans sont maudits ;
Malheureuses victimes,
Le ciel les a proscrits.
La haine et la discorde
Sont tes hôtes constans
Et le vice déborde
Parmi tes habitans.

Sur ta vaste surface,
Tu n'as pour l'éternel

Plus une seule place
Où poser un autel.
Ah ! le dégoût m'accable,
Plus un objet d'amour...
De ce monde coupable
Je veux fuir le séjour.

Mais que vois-je ? est-ce un rêve ?
Non, un astre nouveau,
Sous nos regards, se lève,
Comme un brillant flambeau.
L'ame n'est plus aride
En ce séjour de mort ;
Et le cœur jadis vide
Éprouve un doux transport.

Salut, fleur la plus belle
D'un printems qui sourit ?
Quand ta coupe nouvelle
Sous un beau ciel s'ouvrit,
Ce regard qui féconde
D'en haut sur toi tomba ;
Et la rançon du monde
Dans ton sein se cacha.

Maintenant, je veux vivre ;
Voici l'objet d'amour
Qui m'enflamme et m'enivre :
Oh ! j'aime ce séjour.
Sur la terre, ô Marie,
Où tu traças tes pas,
L'ame trouve une vie,
Le cœur ne languit pas.

Mais que dis-je ? voilée
A nos terrestres yeux,
De la terre envolée,
Tu demeures aux cieux.
Sur ta famille absente,
Jette un regard serein ;
Et, de ta main puissante,
Porte-nous sur ton sein

XLIX.

MÊME FÊTE.

AIR : N°. 56.

Cieux et terre admirez : un astre salutaire
Vient de ses feux brillans éclairer l'univers ;
C'est l'aimable Marie, et la nature entière
De ses joyeux accords fait retentir les airs.
      O Marie,
      De ma vie
      Sois toujours
      Les amours.
      Je t'adore,
      Et j'implore
      A jamais
      Tes bienfaits.

Voyageurs égarés au désert de la vie,
Et vous, peuples assis à l'ombre de la mort,
Levez les yeux, voyez la divine Marie
Qui vient guider vos pas et vous conduire au port.
        O Marie, etc.

Celui qui sur la terre à sa voix est docile,
Marchera, sans effroi, parmi tous les dangers :
Tel un vaisseau guidé par un pilote habile,
De la mer en courroux brave les noirs rochers.
        O Marie, etc.

Nous, les enfans chéris de la plus tendre mère,
Dédaignons les appas d'un monde séducteur,
Suivons, suivons les traits de sa douce lumière ;
Qu'elle guide nos pas au céleste bonheur.
        O Marie,
        De ma vie
        Sois toujours
        Les amours.
        Je t'adore.
        Et j'implore
        A jamais
        Tes bienfaits.

L.

L'INTERCESSION.

AIR : N°. 28.

Dans sa cellule solitaire
Fermée aux regards indiscrets,
A son Dieu, du plus doux mystère
Marie ouvrait tous les secrets.
Portés sur les ailes des anges,
Ses soupirs et ses tendres vœux,
Comme un doux concert de louanges,
Allaient charmer le Roi des cieux.

« Oh ! prends pitié de nos misères,
Seigneur, que nos malheurs sont grands !

Dieu d'Israël, Dieu de nos pères,
Oh ! prends pitié de tes enfans.
Comme une épouse en son veuvage,
Mon ame sèche de langueur :
Cieux, ouvrez-vous, heureux nuage,
Laissez pleuvoir le Dieu sauveur.... »

Un ange, au radieux visage,
Portant un lis pur en ses mains,
Vient annoncer qu'aux jours d'orage
Ont succédé des jours sereins :
« Salut ! belle et tendre Marie,
Pleine de grâce et de candeur ;
Salut ! l'Éternel t'a choisie
Pour enfanter le Dieu sauveur. »

Il dit : la Vierge obéissante
S'incline d'un respect profond :
Une auréole éblouissante
A décoré son noble front.
Que vois-je ? le Dieu du tonnerre,
De chérubins environné,
Au sein de cette auguste Mère,
Comme un enfant s'est incarné.

Soudain, aux voûtes éternelles
Ont éclaté d'heureux transports ;
Et les phalanges immortelles
Entonnent leurs joyeux accords.
La lyre sous leurs doigts s'anime,
Le luth en sons mélodieux
A soupiré ce chant sublime :
Paix à la terre et gloire aux cieux !

Plus de courroux ; terre maudite,
Dépose tes habits de deuil :
Qu'avec amour ton sein palpite,
Qu'il tressaille d'un noble orgueil :
Entends, à tes soupirs prospère,
Le chœur des esprits bienheureux
Dire à jamais : paix à la terre,
Paix à la terre et gloire aux cieux !...

LI.

LE CALVAIRE.

AIR : N°. 41.

« Pourquoi, Jésus, ô mon doux fils,
Vous livrer à vos ennemis
    Sur le calvaire ?
Ainsi qu'un glaive de douleur,
Leurs cris ont transpercé le cœur
    De votre Mère. »

LE CHOEUR.

O doux Jésus,
Ton agonie

Donne à ma vie
Bien des vertus.
Qu'avec l'Église
Ma voix redise :
Gloire à Jésus !

— O Ma mère, je vais mourir,
Pour mes frères je dois souffrir
  Mon agonie.
Oui, du calice paternel
Il faut que j'épuise le fiel
  Jusqu'à la lie.
  O doux Jésus, etc.

Il va succomber à la mort ;
Son cœur éteint se rouvre encore
  A la prière :
« Pardonnez, dit-il, ces enfans
Envers votre fils si méchans,
  Soyez leur mère. »
  O doux Jésus,
  Ton agonie
  Donne à ma vie

Bien des vertus.
Qu'avec l'Église
Ma voix redise :
Gloire à Jesus !

LII.

MATER DOLOROSA.

AIR N°. 5.

Vous qui passez, le soir, auprès de la chapelle
Qu'éclaire le reflet de la lampe fidèle
    Qui seule voit couler mes pleurs ;
Ah ! s'il vous reste encore un peu d'amour dans l'ame,
Arrêtez par pitié : car je suis Notre-Dame,
    Notre-Dame des Sept-Douleurs.

Je pleure et nul ne vient soulager mon angoisse,
Nul ne prend en pitié mon ame qui se froisse,
    Comme la pierre du Cédron.
Je suis, nouvelle Agar, plaintive, inconsolée...
Ah ! venez essuyer ma paupière mouillée,
    Anges de bénédiction.

J'avais un fils ; du ciel ce fils était l'image,
Il avait à douze ans la sagesse du sage,
  On l'admirait dans Israël.
Les femmes de Juda m'appelaient bien-heureuse ;
Dans mon orgueil de mère, oh ! j'étais radieuse,
  Comme le palmier du Carmel.

Mais des méchans un jour, sur cet agneau timide,
Ont étendu leurs mains : à leur troupe homicide
  Je fis entendre en vain ma voix.
Je les suivais en proie aux plus vives alarmes,
Je leur dis mes douleurs : hé bien, malgré mes larmes,
  Ils l'ont cloué sur une croix.

Et là, quand ses bourreaux lui lançaient l'anathême,
Lui, calme et résigné, de la bonté suprême
  Sur eux appelait le pardon.
Sa voix, sa douce voix s'exhalait en prière :
« Pardonnez, disait-il, pardonnez, ô mon père,
  Car ils ne savent ce qu'ils font. »

Et puis, lorsqu'arriva son agonie amère,
Ses yeux mourans étaient attachés sur sa mère,

Il lui disait : « ne pleurez pas !
Chacun de vos soupirs pour mon ame est un glaive ;
Ne pleurez pas ! déjà je vois le ciel en rêve ,
  Adonaï m'ouvre ses bras. »

Quand il eut dit ces mots , une légion d'anges ,
De ce fils bien-aimé redisant les louanges ,
  Parut au haut du Golgotha :
Mais , avant de les suivre au séjour de lumière ,
Il me chercha des yeux , et le nom de sa mère
  Fut le dernier qu'il répéta.

Maintenant le voici !... cruelle destinée !
Est-ce bien cet enfant dont la tête inclinée
  S'appuyait jadis sur mon sein ?
Je l'ornais chaque jour des fleurs de la colline ,
Voilà que d'autres mains d'une sanglante épine
  Ont déchiré ce front divin.

Et son corps tout meurtri sur mes genoux retombe ,
Et sa voix est éteinte , et son œil de la tombe

A vu déjà la sombre horreur.
Sur ses lèvres de feu les roses sont fanées,
Ainsi, l'on voit mourir des fleurs déracinées
　　　Par la bêche du fossoyeur.

Hé quoi! sa main serait fermée à mes caresses
Et ne répondrait plus à toutes les tendresses
　　　Que lui préparait mon ardeur?
Oh! sur ce sein brûlant qui lui donna la vie,
Moi, je veux réchauffer sa poitrine engourdie,
　　　Son cœur glacé contre mon cœur.

Non, mon fils n'est point mort, seulement il sommeille,
Aux accens de sa mère il va prêter l'oreille,
　　　Parle, ô mon fils, ne sois point sourd,
Daigne ta bouche encor m'adresser un sourire,
Daigne ta douce voix encore me redire
　　　Ces noms si chers à mon amour.

Mais où m'égarai-je? où m'emporte mon délire?
O mère infortunuée, en vain ton cœur soupire,

Ton fils, ton pauvre fils n'est plus.
Il n'est plus, autrement tout le feu de ton ame
Eût à son cœur éteint communiqué ta flamme,
Hélas ! tes soins sont superflus.

C'en est fait; me voilà condamnée aux alarmes,
Mon pain de chaque jour sera trempé de larmes,
Il n'est pour moi plus de douceurs.
Quand le cœur est frappé d'un si cruel veuvage,
Le calice des pleurs est l'unique breuvage
Qui puisse calmer vos douleurs.

Aussi, mes vêtemens sont souillés par la cendre,
Et mon œil et ma voix ne cessent de répandre
Des sons plaintifs, d'amers regrets.
Une lampe funèbre est là près de mon trône,
Et mon front soucieux n'a pour toute couronne
Qu'une couronne de cyprès.

Ne m'appelez donc plus la reine glorieuse,
L'étoile du matin qui paraît radieuse

Au sommet riant du Carmel.
Quand, autour de Sion, se groupent les nuages,
Jérusalem se perd au milieu des orages,
L'étoile s'obscurcit au ciel.

La rose de Saron voit flétrir sa corolle.
Du baume d'Engaddi le doux parfum s'envole
Quand l'auster souffle avec effort ;
Et moi qui du malheur ai ressenti l'atteinte,
Qui me nourris de fiel et m'abreuves d'absynthe,
Je suis triste jusqu'à la mort.

Vous qui passez, le soir, auprès de la chapelle
Qu'éclaire le reflet de la lampe fidèle
Qui seule voit couler mes pleurs ;
Ah ! s'il vous reste encore un peu d'amour dans l'ame,
Arrêtez par pitié : car je suis Notre-Dame,
Notre-Dame des Sept-Douleurs.

LIII.

LE MOIS DE MARIE.

AIR : N° 54.

De ses fleurs le mois de Marie
A partout émaillé nos champs :
Qu'aux doux parfums de la prairie
Se mêle l'accord de nos chants.
Oh ! si nos voix peuvent vous plaire,
Nous vous dirons, ô tendre mère :
« A vous l'encens de ces fleurs,
A vous l'hymne de tous les cœurs. »

Tous les chantres de la nature
D'harmonie inondent les airs ;
Les forêts, changeant de parure,
Retentissent de leurs concerts.

Leurs voix plus douces et plus belles
Aux échos empruntent des ailes :
   Vole au ciel hymne joyeux,
A Marie emporte nos vœux.

Non loin de l'antique chapelle
Qui pend au noir sommet des monts,
J'entends la blanche tourterelle
Qui redit de plus tendres sons.
Sa voix, en ce mois de mystère,
A vous s'adresse, ô Vierge-mère.
   Vole au ciel hymne joyeux,
A Marie emporte nos vœux.

L'humble ruisseau de l'ermitage,
Naguère enchaîné dans son cours,
De fleurs embellit son rivage
Et va murmurant ses amours.
Il vous offre, ô ma bien-aimée,
L'encens de sa rive embaumée :
   Monte, monte, encens de fleurs,
Avec l'hommage de nos cœurs.

Fleurs des champs, blanches immortelles,
   Lis, purs comme un rayon du jour,

Prenez vos couleurs les plus belles,
Brillez pour la vierge d'amour.
Et nous, jalouses de lui plaire,
Chantons, chantons d'un cœur sincère :
　A vous l'encens de nos fleurs,
A vous l'hymne de tous les cœurs.

LIV.

A NOTRE-DAME DE BONNE-MORT.

AIR : N° 19.

D'effroi que mon ame est glacée !
O mon Dieu, quel affreux tourment !
Nuit et jour s'offre à ma pensée
De la mort le spectre effrayant.
Marie, en toi seule j'espère,
Toi seule peux nous secourir ;
Et dans tes bras, ô tendre mère,
   Je veux mourir ;
Oui, dans tes bras, je veux mourir.

A son trépas, voyez l'impie
En proie aux plus cruels remords,

Finir la plus coupable vie
Par la plus affreuse des morts.
  Marie, etc.

Le juste, à son heure dernière,
Invoquant la reine d'amour,
S'endort sur son sein tutélaire :
Sa mort est le soir d'un beau jour.
  Marie, etc.

O monstre dont la faux tranchante
D'effroi fait pâlir les mortels,
J'oppose à ta rage impuissante
Et Marie et ses saints autels.
Marie, en toi seule j'espère,
Toi seule peux nous secourir :
Et dans tes bras, ô tendre mère,
 Je veux mourir;
Oui dans tes bras je veux mourir.

LV.

L'ASSOMPTION.

AIR : N° 40.

Déjà l'antique chapelle
Fait parler sa voix d'airain,
Et sa coupole étincelle
De tous les feux du matin.
Sur les tours de Notre-Dame,
Le ciel luit avec amour :
Tout fait pressentir à l'ame
L'aurore du plus beau jour.
 Offrons à Marie,
 La reine du ciel,
 Louange infinie,
 Amour éternel.

Et je vois des milliers d'anges
Des cieux franchir la hauteur,
Ils vont offrir nos louanges
A la mère du Sauveur.
Volez, messagers fidèles,
Volez, pieux bataillons,
Portez sur vos blanches ailes
L'amour pur dont nous brûlons.
  Offrons à Marie, etc.

Et j'entends leur voix bénie,
Plus suave que le miel,
Répéter : gloire à Marie ;
Dans les hauteurs du Carmel !
Anges bénis de l'Église,
Soyez mon écho pieux,
Qu'avec vous ma voix redise :
Gloire à la Vierge des cieux !

Aujourd'hui votre ame est pleine
Du souvenir le plus doux :
C'est le jour où votre Reine
Parut au milieu de vous.

Qu'il soit aussi pour la terre
Un jour de gloire et d'amour,
Et que la nature entière
Avec vous chante en ce jour :
    Offrons à Marie,
    La reine du ciel,
    Louange infinie,
    Amour éternel.

LVI.

ORA PRO NOBIS.

AIR : Nos 10 ET 11.

Priez pour nous, ô bonne et douce mère
Que nous prions sans cesse à deux genoux :
Du haut du ciel, voyez notre misère,
Reine des bienheureux, priez, priez pour nous !

Priez pour nous ! que nos cris de souffrance,
De notre exil, s'élèvent jusqu'à vous,
Oui, jusqu'à vous, douce fleur d'espérance ;
Secours des affligés, priez, priez pour nous !

Priez pour nous ! votre voix pure et tendre
Du Dieu vengeur fléchira le courroux :
Le bien-aimé se plait à vous entendre,
O gracieuse Esther, priez, priez pour nous !

Priez pour nous ! un jour, avec les anges,
Nous vous dirons un hymne des plus doux
Nous chanterons en commun vos louanges,
Couronne des élus, priez, priez pour nous !

LVII.

AIR : N° 57.

Daigne agréer, tendre Marie,
Le pur encens de notre amour :
A toi, tous les jours de la vie,
Nous voulons être sans retour.

Est-il une aussi bonne mère
Qui chérisse ainsi ses enfans ?
C'est sous ton ombre tutélaire,
Que les jours coulent innocens.
    Daigne, etc.

Dans tes bras, la timide enfance
Trouve un refuge protecteur ;
On voit le lis de l'innocence,
Sur ton sein, puiser sa blancheur.
    Daigne, etc.

Que les mondains aillent du vice
Encenser les dieux criminels ;
Nous jurons, Vierge protectrice,
D'aimer ton culte et tes autels.
Daigne agréer, tendre Marie,
Le pur encens de notre amour :
A toi, tous les jours de la vie,
Nous voulons être sans retour.

LVIII.

AIR : N° 25.

Je vous bénis, ô la plus tendre mère ;
Vous qui régnant par-delà tous les cieux,
Aimez encor vos enfans de la terre,
Sur l'orphelin, daignez baisser les yeux.
Voyez mes maux, ô Vierge bienheureuse,
Que de mes pleurs vos yeux soient attendris ;
Je chanterai sur ma lyre joyeuse :
　　Je vous bénis.

Je vous bénis... dès ma première aurore,
Ah ! vous m'avez accueilli dans vos bras ;
Je fus ingrat, et cependant encore
Vous vous plaisez à diriger mes pas.

Guidez, guidez ma course périlleuse,
Qu'à vos côtés, je sois un jour assis;
Je chanterai sur ma lyre joyeuse :
  Je vous bénis.

Je vous bénis... j'ai vu les noirs orages,
Sur mon esquif, rouler en mugissant ;
Tendre Marie, au milieu des naufrages,
J'ai réclamé votre secours puissant.
A votre aspect, et la vague écumeuse
Et les autans d'effroi se sont enfuis ;
Je chanterai sur ma lyre joyeuse :
  Je vous bénis.

Je vous bénis... tant que les chœurs des anges
De leurs concerts réjouiront les cieux.
Tant qu'ils diront dans leurs douces louanges
Combien d'attraits vous avez à leurs yeux ;
Vous m'entendrez, ô Reine glorieuse,
Mêlant ma voix aux célestes esprits,
Dire à jamais sur ma lyre joyeuse :
  Je vous bénis.

LIX.

LE SAINT CŒUR DE MARIE.

AIR : N° 4.

VOIX DES ANGES.

O vous dont l'ame blanche et pure
D'un monde perfide et mauvais
Ne connut jamais la souillure,
En dédaigne tous les attraits ;
Venez, ô vierges de la terre,
Contempler, brillant sanctuaire,
Le cœur de la Vierge des cieux.
Quelle richesse incomparable
Le cœur de la Vierge adorable
Va développer à vos yeux !

Dès son berceau, Marie, esclave volontaire,
Nuit et jour habitait le lieu de la prière,
Par l'amour enchaînée aux pieds du saint autel.
Et là, dans les transports d'une indiscible extase,
Son cœur, tel qu'un parfum qui s'exhale d'un vase
  Brûlait pour son époux du ciel.

  Aussi, quand le maître suprême,
  Le Dieu de toute éternité,
  Résolut de dépouiller même
  Son manteau d'immortalité,
  — Va, dit-il, descends, ô mon ange,
  Choisis un cœur, heureux mélange
  Et d'innocence et de candeur.
  Je veux, par un bien doux mystère,
  Afin de régner sur la terre,
  Placer mon trône dans ce cœur.

Et l'ange s'inclina... ses ailes azurées
Fendent, comme un éclair, les plages éthérées,
Et son vol s'abattit sur les monts du Carmel :
C'était là que vivait solitaire, inconnue,
Cette fleur de Jessé, cette vierge ingénue
  Dont fut extasié Gabriël.

« Salut, ô fille la plus belle
D'entre les filles d'Israël !
Votre ame est un miroir fidèle
Qui réfléchit l'éclat du ciel.
Celui qui paît de préférence
Parmi les fleurs de l'innocence,
Parmi les lis de la pudeur,
Cet amant divin vous réclame,
Il veut descendre dans votre ame
Et vous ceindre de sa blancheur. »

Et Marie écoutait ; et son cœur, plein d'ivresse,
S'unissait par l'amour au Dieu de sa tendresse,
Tel se fond un or pur dans le creuset en feu.
Son front resplendissait de blanches auréoles,
Et l'ange, en la quittant, répétait ces paroles :
    Gloire à l'épouse de mon Dieu !

O vous dont l'ame blanche et pure
D'un monde perfide et mauvais
Ne connut jamais la souillure.
En dédaigne tous les attraits ;
Venez, ô vierges de la terre,
Contempler, brillant sanctuaire,

Le cœur de la Vierge des cieux :
Quelle richesse incomparable
Le cœur de la Vierge adorable
Va développer à vos yeux !...

CHOEUR DES VIERGES.

CONSÉCRATION.

O Vierge, à tes genoux tu me vois prosternée,
Comme une vigne en pleurs dont la tige inclinée
Se mourrait sans l'appui du palmier protecteur,
Oh ! sois pour ma vertu cette palme immortelle :
Que ton abri la rende et plus pure et plus belle,
Couvre-la toujours de ton cœur.

Quand de son haleine brûlante
Le Simoun embrase les airs,
L'Arabe caché sous sa tente,
Brave tout le feu des déserts :

Ainsi ton cœur, Vierge bénie,
Est mon refuge dans la vie,
Ma fraîche, ma douce oasis ;
Dans cet asyle d'innocence,
L'ame en paix respire d'avance
L'air embaumé du Paradis.

O Vierge, à tes genoux tu me vois prosternée,
Comme une vigne en pleurs dont la tige inclinée
Se mourrait sans l'appui du palmier protecteur,
Oh ! sois pour ma vertu cette palme immortelle,
Que ton abri la rende et plus pure et plus belle,
　　　Couvre-la toujours de ton cœur.

LIVRE TROISIÈME.

CHANTS DIVERS APPROPRIÉS A DES MAISONS D'ÉDUCATION.

CHANT LX.

Air : N°. 18.

Bénissez le Seigneur, enfans, ô petits anges
Qui du ciel, à nos yeux, révélez la candeur.
Que le saint nom de Dieu vibre dans vos louanges,
  Bénissez le Seigneur !

C'est lui, c'est le Seigneur qui donne à votre père,
Pour soutenir vos ans, la force et la verdeur,
Lui qui verse l'amour au sein de votre mère :
  Bénissez le Seigneur !

Sa main de la brebis a tissé la fourrure,
Distille la rosée à la plus humble fleur,
Son œil incessamment s'ouvre sur la nature :
  Bénissez le Seigneur !

Aussi, partout résonne un suave cantique,
C'est le petit oiseau qui chante sa grandeur,
L'hysope née hier au pied du cèdre antique :
  Bénissez le Seigneur !

Entendez : c'est la voix de l'ange votre frère
Qui redit les bienfaits du divin créateur :
Avec l'élu du ciel, anges de notre terre,
  Bénissez le Seigneur !

Soit donc que votre cœur s'abreuve dans la vie
Au calice d'absynthe, à celui du bonheur,
Publiez, exaltez sa grandeur infinie,
  Bénissez le Seigneur !

Bénissez le Seigneur, enfans, ô petits anges
Qui du ciel, à nos yeux, révélez la candeur,
Que le saint nom de Dieu vibre dans vos louanges,
  Bénissez le Seigneur !

LXI.

AIR : N° 17.

LA RENTRÉE DES CLASSES.

VOIX DES MAITRES.

ENFANS, le soir de vos vacances
Paraît à l'horizon lointain :
Saluez de vos espérances
L'astre qui doit luire demain.
Pourriez-vous d'un plaisir futile
Goûter plus long-temps les douceurs ?
Venez dans ce pieux asyle,
Former votre esprit et vos cœurs.

Lorsque la nature épuisée
De ses soins et de son labeur

A , sous les pleurs de la rosée ,
Repris sa première fraîcheur ,
On voit au loin, dans les campagnes,
Verdir d'abondantes moissons ,
Elle étale, sur nos montagnes,
Tout le luxe de ses saisons.

Aussitôt que l'aube vermeille
Fait scintiller ses perles d'or ,
Sur chaque fleur, on voit l'abeille
Qui va grossissant son trésor ,
Et, rempli d'un nouveau courage ,
Le voyageur , dès le matin ,
Reprend son bâton de voyage,
Pour continuer son chemin.

Enfans , le soir de vos vacances
Paraît à l'horizon lointain ,
Saluez de vos espérances
L'astre qui doit luire demain.
Pourriez-vous , d'un plaisir futile
Goûter plus long-tems les douceurs ?
Venez dans ce pieux azyle,
Former votre esprit et vos cœurs.

CHOEUR DES ÉLÈVES.

Une voix douce, solitaire,
Émeut tous mes sens à la fois :
Je dois quitter même une mère,
Pour obéir à cette voix.
Salut, ô maîtres dont l'image
M'a suivi dans tous les sentiers.
Comme l'étoile du voyage
Qui luit aux yeux des mariniers.

Au milieu d'un monde frivole
Dont chaque pas est un rescif,
Il me fallait votre boussole
Pour diriger mon frêle esquif.
Bonheur nouveau ! votre tutelle,
Et vos doux soins me sont rendus.
Heureux, si mon ame est fidèle
A s'inspirer de vos vertus !

Salut, école d'innocence,
Séjour témoin de mon bonheur,

Port qui sais préserver l'enfance
De tous les orages du cœur !
Salut auguste solitude,
Où l'ame boit par tous les sens
Cette douce béatitude
Qui jaillira sur mes vieux ans !

LXII.

VENI SANCTE SPIRITUS.

AVANT LA CLASSE.

AIR : N° 59.

O vous dont la douce lumière
Resplendit au plus haut des cieux,
Laissez glisser, sur ma paupière,
Un de vos rayons précieux.
D'ici-bas la vaine science
Ne peut aboutir qu'à l'erreur ,
Éclairez mon intelligence ,
Venez vivifier mon cœur.

Lorsque votre douce auréole
Parait blanche et pure à mes yeux,
Elle m'éclaire et me console
Et me fait entrevoir les cieux.
Esprit divin, que votre flamme
Rayonne à mon ciel, nuit et jour ;
Qu'elle seule embrase mon ame
De tous les feux de votre amour.

LXIII.

SUB TUUM PRÆSIDIUM.

APRÈS LA CLASSE.

AIR : N° 17.

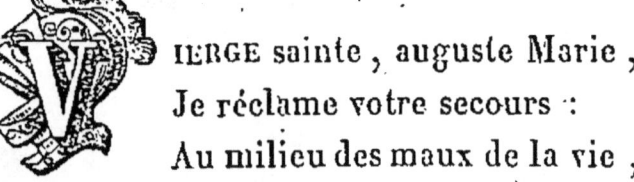IERGE sainte, auguste Marie,
Je réclame votre secours :
Au milieu des maux de la vie,
A qui pourrais-je avoir recours ?
Ne refusez pas ma prière,
Accueillez-moi sur votre sein,
Vierge bénie, ô douce mère
Qu'on n'implora jamais en vain.

A-t-on jamais entendu dire
Que celui qui vint à genoux
Réclamer votre heureux empire
Ait été délaissé par vous ?
Ne refusez pas ma prière,
Accueillez-moi sur votre sein,
Vierge bénie, ô douce mère
Qu'on n'implora jamais en vain.

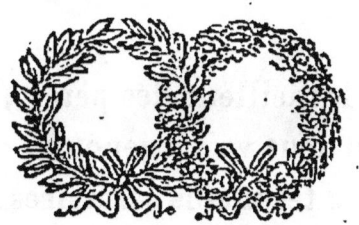

LXIV.

LA PROMENADE.

INVOCATION.

AIR : N° 53.

O le meilleur des pères,
Tu nous vois à genoux,
Que tes mains salutaires
Daignent s'ouvrir sur nous.
Prends-nous sous ta tutelle,
Permets, Dieu de bonté,
Que notre ange fidèle
Marche à notre côté.

La vie est un orage,
Un houleux Océan,
Comment fuir le naufrage,
Sans ton souffle puissant ?
Semblables à Tobie,
Qu'un autre Raphaël
Nous guide en cette vie,
Et nous dépose au ciel.

LXV.

AIR : N° 17.

LA MÈRE.

Viens, mon enfant, avec ta mère,
Admirer les œuvres de Dieu,
Je veux t'apprendre quel bon père
Habite là-haut ce ciel bleu.
C'est lui qui sema tous les mondes,
Comme un semeur sème son grain,
A ses comètes vagabondes,
C'est lui qui traça leurs chemins.

C'est lui qui maintient à leur place
Tous ces globes et ce soleil
Qui luit au milieu de l'espace,
Comme une lampe de vermeil.

Il leur a dit : « recevez l'être,
Allez, volez... » tous à la fois,
Comme un coursier docile au maître,
Ils obéissent à sa voix.

Il a le soleil pour son trône,
Pour son palais le firmament,
Les étoiles sont sa couronne,
La lumière son vêtement.
Et pourtant, ce maître superbe
Dont notre terre est l'escabeau,
Verse sa rosée au brin d'herbe
Qu'il voit languir sur le côteau.

L'ENFANT.

O toi qui sèmes les merveilles,
Comme la poudre dans nos champs,
Père sublime, ô toi qui veilles
Au bien de tes petits enfans ;
Permets que ma voix te bénisse,
Avec le jeune oiseau des airs,
Et qu'aux cieux elle retentisse,
Comme un écho de l'univers.

LA MÈRE.

A ses pieds sont des milliers d'anges,
L'encensoir fume dans leurs mains,
Leur bouche redit nos louanges
A l'oreille du Saint des Saints.
Oui, quand ton cœur à ce bon père
S'ouvre avec amour le matin,
Je vois s'envoler ta prière
Sur les ailes d'un séraphin.

A ses côtés est la Madone
Qu'ensemble nous prions le soir :
C'est elle, ô mon fils, qui nous donne,
Quand nous pleurons, un peu d'espoir.
Toujours son oreille attentive
S'incline au cri du pauvre enfant,
Semblable à la biche craintive
Qui tremble pour son jeune faon.

Marie est la naissante aurore
Qui ravive les feux du jour,
C'est son rayon pur qui colore
L'éclat de l'immortel séjour.

Elle est le doux encens qui fume
Au milieu des sacrés parvis,
Elle est la rose qui parfume
Tous les sentiers du Paradis.

L'ENFANT.

A vous, mon auguste patronne,
Avec bonheur, dès mon printems,
A vous aussi je m'abandonne,
Je vous offre mes jeunes ans.
Rose du ciel, lis solitaire,
Miroir où se peint un ciel bleu,
Je vous aime comme ma mère,
Comme l'image de mon Dieu.

LA MÈRE.

A peine l'aube matinale
A blanchi la créte des monts,
Les cris aigus de la cigale
Retentissent dans les sillons.

Du rossignol la voix sonore
A réveillé l'écho lointain,
L'Orient de feux se colore,
Pour embellir notre matin.

Et déjà la vive alouette
Monte joyeuse vers le ciel,
Tout a repris un air de féte,
Tout chante un hymne solennel.
Pourquoi, mon fils, cette merveille?
Pourquoi ces transports de bonheur ?
C'est que la nature s'éveille,
Pour célébrer son créateur.

L'ENFANT.

O toi qui sèmes les merveilles,
Comme la poudre dans nos champs ;
Père sublime, ô toi qui veilles
Au bien de tes petits enfans ;
Permets que ma voix te bénisse,
Avec le jeune oiseau des airs,
Et qu'aux cieux elle retentisse
Comme un écho de l'univers.

LA MÈRE.

Tu vois, au bout de la prairie,
Naître ce limpide ruisseau ;
Au sein de la rive fleurie,
Paisiblement coule son eau.
Mais vois plus bas : son eau heurtée
Bouillonne à travers les rochers ;
Ainsi, sur la vie agitée,
Le calme fait place aux dangers.

Il suit la pente qui l'entraîne,
Limpide ou trouble, il va toujours,
Il va fertilisant la plaine
Et sème des fleurs sur son cours :
Ainsi, ton cœur dès le jeune âge,
A la vertu devra s'ouvrir,
Et, comme l'onde à son passage,
En bienfaits ne jamais tarir.

Vois cette abeille qui voltige,
Qui voltige de fleurs en fleurs,

Elle se pose sur la tige
D'un lis aux suaves couleurs.
De la blanche et fraîche corolle
Comme elle aime à sucer le miel !
Elle va, revient, puis s'envole,
Ainsi qu'une ame vers le ciel.

De même ton ange fidèle,
Ce pur ami de ta candeur,
Sur toi vient reposer son aile,
Comme sur une blanche fleur.
Il aime, ô mon ami, ton ange,
Le parfum d'un cœur innocent :
C'est là le baume sans mélange
Que doit exhaler un enfant.

Aux murs de la chapelle sainte,
Le lierre suspend ses rameaux,
Et, dans une pieuse étreinte,
Il brave en paix tous les fléaux.
Tel un enfant près de sa mère,
Avec amour, doit se ranger,
Et là, comme le faible lierre,
Il brave en paix tout le danger.

L'ENFANT.

Fais, ô mon Dieu, que je grandisse
En innocence, chaque jour,
Que mon ame s'épanouisse,
Aux rayons purs de ton amour.
Puisse mon jeune cœur te plaire
Et vers toi s'exhaler sans fin,
Comme la rose printannière
Qu'a fait éclore le matin !

LA MÈRE.

Vois-tu cette vapeur légère
Qui va s'élevant jusqu'aux cieux ?
Elle retombe sur la terre,
Sans laisser de trace à nos yeux.
Ainsi, richesses, renommée,
Amour, honneurs, plaisirs sans fin,
Tout n'est, hélas ! qu'une fumée
Qui doit s'évanouir demain.

Sur cette planète inconstante,
L'homme fragile vient s'asseoir,
De même une étoile filante
Au champ des cieux paraît le soir :
Mais vois glisser le météore,
Il perd son éclat radieux,
L'homme ainsi passe et s'évapore,
Comme l'étoile dans les cieux.

Mais rentrons : l'oiseau de l'orage
A fait entendre au loin son cri,
La fauvette vers le bocage
Se presse à chercher un abri.
Le pilote a plié sa voile,
Le pêcheur regagne le bord,
Ils invoquent la blanche étoile
Qui doit les ramener au port.

Et nous, sur les flots de la vie
Plus orageuse que les mers,
Conjurons l'auguste Marie
D'apparaître aussi dans les airs.

Que sa douce main nous soutienne,
Que son souffle délicieux
Aux pieds de la croix nous ramène
Et nous depose dans les cieux.

LXVI.

ACTION DE GRACES.

AIR : No. 15.

Grand Dieu ! nous avons vu tes œuvres magnifiques
Et ton manteau du ciel et ta robe des champs ,
Nous avons entendu les suaves cantiques
Qu'exhale chaque fleur sur le bord des torrens.

Et nous aussi, mon Dieu , dans notre solitude,
Nous voulons te bénir et la nuit et le jour :
Chanter ton nom sera notre béatitude,
A toi nos jeunes cœurs , nos voix et notre amour.

—

LXVII.

AVANT LA DISTRIBUTION DES PRIX.

AIR, N° 7.

Le soleil s'est levé plus serein sur nos têtes,
    Le voilà ce jour fortuné...
Élèves studieux, vos couronnes sont prêtes,
    L'hymne de gloire a résonné.

Qui peut dire combien le cœur pressé bat vite,
    En ces délicieux momens,
Quand votre nom volant de bouche en bouche excite
    Un cri d'honneur dans tous les rangs ?

— C'est mon frère! c'est lui ! s'écrie avec ivresse,
    La jeune, la timide sœur ;
Et ce doux nom de frère et ce nom de tendresse
    Est répété par chaque cœur.

Heureux enfans, allez dans les bras d'un vieux père,
  Allez vous offrir en vainqueurs,
Et recevoir, avec les baisers d'une mère,
  Un laurier mouillé de ses pleurs.

Oh! que ce jour est beau! quelle béatitude
  Il offre à l'élève ingénu,
Qui marqua chaque instant par les soins de l'étude,
  Ou par un acte de vertu !

Cette palme aujourd'hui si vivace et si belle,
  Enfans, demain va se flétrir :
Mais au ciel vous attend une palme immortelle
  Que rien ne saura vous ravir.

LXVIII.

APRÈS LA DISTRIBUTION.

AIR: Nº. 13.

Ces couronnes de fleurs, ces brillantes couronnes
Qui, dans ce jour de fête, ornent nos jeunes fronts,
C'est toi seule, Marie, oui c'est toi qui les donnes,
A toi seule, Marie, à toi nous les offrons.

Douce muse des cieux, la lyre du poète
De ton souffle enivrant reçoit son timbre d'or;
Quand frémit la pensée en son ame inquiète,
Vers les sphères du ciel tu guides son essor.

Aussi, toujours eut-il un hymne pour tes fêtes,
Un chant d'amour pour toi le barde au cœur pieux,
Tu donnais à son luth les accens des prophètes,
Son luth t'en renvoyait les sons mélodieux.

Ces couronnes de fleurs, ces brillantes couronnes
Qui, dans ce jour de fête, ornent nos jeunes fronts,
C'est toi seule, Marie, oui c'est toi qui les donnes,
A toi seule, Marie, à toi nous les offrons.

Et dans ces jours de foi, jours de nos vieilles gloires,
Quand nos pères marchaient aux combats du Seigneur,
Leur cri de guerre était leur Dame des Victoires,
Et ce cri fut pour eux toujours un cri vainqueur.

Au jour de leur triomphe, on les voyait nos pères,
De l'ermitage saint gravissant les sentiers,
Aux vieux murs de ton temple attacher leurs bannières,
Sur tes autels vainqueurs déposer leurs lauriers.

Ces couronnes de fleurs, ces brillantes couronnes
Qui, dans ces jours de fête, ornent nos jeunes fronts,
C'est toi seule, Marie, oui c'est toi qui les donnes,
A toi seule, Marie, à toi nous les offrons!

LXIX.

LES VACANCES.

AIR : Nº. 54.

LES PROFESSEURS.

Jeunes enfans, vos jours d'étude
Vont se convertir en repos ;
Assez long-temps, la solitude
A vu vos veilles, vos travaux.
De l'aurore de vos vacances
Voici la première lueur :
A vous, les douces jouissances,
La paix des champs et le bonheur.

L'homme, hélas! ne vit que de peine,
Au travail condamné jadis,
Il doit partout traîner la chaîne
Rivée à ses bras engourdis :
Mais pourtant, de son esclavage
Dieu lui-même adoucit le poids,
Il veut qu'au milieu du voyage
Il se repose quelquefois.

Le soir, au vallon solitaire,
Ferme le calice des fleurs,
Le lis des champs et la bruyère
Cessent d'exhaler leurs odeurs.
Le flot plus doux meurt sur la plage,
Lorsque arrive la fin du jour,
Et le jeune oiseau du bocage
Suspend aussi son chant d'amour.

Aux lieux chéris de son enfance
Quand l'exilé revient le soir,
Avec lui, bonheur, espérance
Ont reparu dans le manoir.

Il est si doux de voir un père
Qu'on n'a point vu depuis long-tems,
Si doux d'embrasser une mère,
De consoler ses cheveux blancs.

Jeunes enfans, vos jours d'étude
Vont se convertir en repos :
Assez long-tems, la solitude
A vu vos veilles, vos travaux.
De l'aurore de vos vacances
Voici la première lueur :
A vous, les douces jouissances,
La paix des champs et le bonheur.

LES ENFANS.

O vous dont la main tutélaire
Nous entoura des plus doux soins,
Qui fûtes pour nous une mère
Attentive à tous nos besoins ;
Que votre image douce et pure
Vive dans nos cœurs à jamais,

Et que le ciel avec usure
Paie pour nous tous vos bienfaits !

C'est vous qui mîtes dans nos ames
Le germe heureux de la vertu ,
C'est par vos soins que nous quittâmes
Du vice le sentier battu.
 Que votre image , etc.

Si le flambeau de la science
Eclaire nos pas incertains ,
Nous devons ce bienfait immense
A la sagesse de vos mains.
Que votre image douce et pure
Vive dans nos cœurs à jamais ,
Et que le ciel avec usure
Paie pour nous tous vos bienfaits.

———

LXX.

POUR UNE VISITE ÉPISCOPALE.

CHANTÉ PAR LES ORPHELINS DU CHOLÉRA.

AIR : N°. 53.

Prélat pieux, dont l'auguste visage
Du bon Pasteur réfléchit tous les traits,
Daignez ici recevoir notre hommage,
Pour tous les biens que vous nous avez faits.
Nous avons vu la foule sur vos traces
De l'Esprit-Saint vous demander les dons :
Et votre main, toute pleine de grâces,
S'est épuisée en bénédictions.

Et nous, enfans qu'un monde vain délaisse,
Faible débris d'un immense troupeau,
Vous nous comblez de la plus douce ivresse
En visitant l'humble enfant du hameau.
Le bon pasteur ménage sa tendresse
Au jeune agneau qu'il endort sur son sein :
Vous réservez la plus douce caresse
Au fils du pauvre, au timide orphelin.

Comment payer tant de munificence,
Deshérités de l'or et du bonheur ?
Chaque matin, les soupirs de l'enfance
Vous béniront à l'autel du Seigneur...
Mais vous allez nous quitter, ô bon père,
D'autres soucis vous éloignent de nous.
Ah ! pour calmer notre douleur amère,
Daignez bénir vos enfans à genoux.

(Ici les enfans se prosternent et reçoivent la bénédiction de Monseigneur.)

Enfans, levez vos têtes radieuses,
Avec orgueil portez-les vers le ciel :

L'homme de Dieu de ses mains généreuses
Vous a comblés d'un trésor immortel :
Allez, croissez maintenant en sagesse ,
L'esprit mauvais ne vous séduira plus :
C'est au prélat , ami de la jeunesse ,
Que désormais vous devrez vos vertus.

LXXI.

POUR LA VISITE D'UNE SUPÉRIEURE.

AIR : N°. 40.

Le voici qui vient d'éclore
Ce jour qu'appelaient nos vœux,
Ce jour plus doux que l'aurore
Qui scintille dans les cieux.
Jour heureux ! jour salutaire !
Jour fécond en sentimens !
Jour qui va rendre une mère
A l'amour de ses enfans !
    Chantons sa tendresse,
    Chantons ses faveurs ;
    Avec allégresse,
    Offrons-lui nos cœurs.

Oui, je la vois qui s'avance
Avec grâce et majesté.
O mon cœur, à sa présence
Va, par l'amour emporté.
Dis-lui combien son image
Plaît ici par la douceur,
Et que tout, sur son passage,
Semble renaître au bonheur.
  Chantons sa tendresse,
  Chantons ses faveurs ;
  Avec allégresse,
  Offrons-lui nos cœurs...

Mais pourquoi quitter si vite
Cet asyle fortuné,
Ah ! le cœur est, par ta fuite,
Au veuvage condamné.
Permets, du moins, douce mère,
A nos cœurs reconnaissans,
Pour calmer leur peine amère,
De te bénir dans leurs chants.
  Chantons sa tendresse,
  Chantons ses faveurs ;
  Avec allégresse,
Offrons-lui nos cœurs.

LXXII.

POUR LA FÊTE D'UN CURÉ.

AIR : N° 54.

Digne pasteur, ô tendre père,
Prêtez l'oreille à nos accens :
Nous venons, en ce jour prospère,
Vous exprimer nos sentimens.
Oh ! si nos voix pouvaient vous plaire,
Nous vous dirions d'un cœur sincère :
    Agréez, avec ces fleurs,
Le tendre hommage de nos cœurs.

Que votre bouche paternelle
Pour nous est pleine de douceur !
C'est sous votre heureuse tutelle
Qu'en paix nous servons le Seigneur.
  Oh ! si nos voix, etc.

Enfans qu'un tendre amour rassemble,
Venez fêter ce bon pasteur ;
Venez, venez, chantons ensemble
Notre ami, notre bienfaiteur.
Puisque nos voix savent lui plaire,
Disons-lui donc d'un cœur sincère :
  Agréez avec ces fleurs,
Le tendre hommage de nos cœurs.

LXXIII.

MÊME FÊTE.

AIR: N°. 55.

Déjà l'été de brûlante haleine
A desséché la verdure en nos champs ;
Dans nos bosquets, hélas ! il reste à peine
Quelque immortelle échappée au printems.
Hé bien ! allons dans nos vertes prairies
Pour notre père y chercher quelques fleurs.
Recevez-les : nos mains les ont cueillies,
Avec amour, vous les offrent nos cœurs.

Heureux pasteur !.. aux autels de Marie,
Vous nous avez conduites en ce jour.
Entre vos mains, à la Vierge chérie
Nous avons dit un éternel amour.
Jour de bonheur ! auprès de notre mère,
Le lis en paix conserve sa blancheur,
Et sur son sein, la rose printannière
Brille toujours d'un éclat enchanteur.

Reviens, zéphir ; de tes douces haleines,
Viens éveiller et la fleur et nos chants ;
Et qu'à nos yeux, les verdoyantes plaines
Fassent briller tout l'éclat du printems.
Ces fleurs seront pour la Vierge sans tache,
Pour cette Vierge en qui sont mille attraits ;
Pour vous aussi, pasteur qui sans relâche
Nous inondez des célestes bienfaits.

LXXIV.

COMPLIMENT DE PREMIÈRE COMMUNION.

AIR: N°. 55.

Venez, troupe joyeuse,
A notre bon pasteur
De l'ame vertueuse
Exprimer le bonheur.
L'ami de notre enfance
Est là, je vois ses traits :
Avec reconnaissance,
Célébrons ses bienfaits.

Oh ! qui pourrait redire
Avec quelle douceur,
Sa voix savait nous dire
La gloire du Seigneur ?
Sa bouche paternelle
Nous nommait ses enfans,
Et le plus tendre zèle
Animait ses accens.

Tant que la douce aurore
Embellira nos champs,
Que nous verrons éclore
Les roses du printems ;
Notre mémoire heureuse
Conservera ses traits ;
Notre bouche joyeuse
Redira ses bienfaits.

LXXV.

A UNE MÈRE.

AIR : N°. 58.

Pour soigner notre enfance,
La douce providence
Jadis nous fit le don
D'une bien tendre mère,
Cet ange tutélaire
Dont le cœur est si bon.

Amour, reconnaissance,
Éclatez en ce jour :
A l'ange de l'enfance,
Reconnaissance, amour.

— Pour orner votre fête,
Le doux printems nous prête
Ses parfums et ses fleurs :
Recevez-les pour gage
De l'amour sans partage
Que vous portent nos cœurs.
  Amour, etc.

Votre cœur, plein d'ivresse,
Sourit avec tendresse
Aux vœux de vos enfans.
Vivez, ô douce mère
Qu'on aime et qu'on révère,
Vivez, vivez long-tems.
  Amour, reconnaissance,
  Éclatez en ce jour :
  A l'ange de l'enfance,
  Reconnaissance, amour.

LXXVI.

CANTA ET AMBULA.

AIR: N°. 6.

Quand le courroux du ciel frémissait sur sa tête,
Job exhalait des chants, au milieu de ses pleurs ;
Quand Saül entendait la harpe du prophète,
  Soudain se calmaient ses douleurs.

Et moi, sur ce désert où triste je chemine,
Las de chercher en vain le bonheur, le repos,
Je chante sur ma lyre... et la lyre divine
  Mêle un peu de baume à mes maux.

O mes frères, ô vous que l'avenir désole,
Dont l'ame, comme moi, s'abreuve aussi de fiel,
Adressez un cantique à celui qui console :
    Le repos de l'homme est au ciel.

Oh! quand pourrai-je enfin aux sphères d'harmonie,
Pauvre cygne exilé, m'envoler en chantant,
Sur un luth immortel dire l'hymne infinie
    Au Dieu que mon cœur aime tant?...

LXXVII.

AVANT LE REPAS.

AIR: N°. 40.

Enfans, bénissez le père
Que vous avez dans le ciel :
Car c'est lui qui désaltère,
Qui nourrit l'humble mortel.
D'une inépuisable vie
Il pénètre l'univers,
Il féconde et vivifie
Les plus stériles déserts.
 Que ta main propice,
 O Dieu de bonté,
 Un jour me nourrisse
 Dans l'éternité.

Il nourrit de sa substance
L'ame aux célestes attraits,
L'ingrat même qui l'offense
A part à tous ses bienfaits.
Enfans, puisqu'un si bon maître
Vous comble de son amour,
Que les fibres de votre être
Vibrent pour lui sans retour.
 Que ta main propice,
 O Dieu de bonté,
 Un jour me nourrisse
 Dans l'éternité.

LXXVIII.

AGIMUS TIBI GRATIAS.

AIR: Nº. 59.

Quand les peuples de la Judée
Du ciel cherchaient l'enseignement,
L'amour, manne, sainte rosée,
Était leur unique aliment.
Ils n'avaient soif que de l'entendre,
Ils n'avaient faim que de le voir
Ce Dieu dont la parole tendre
Laissait ruisseler tant d'espoir.

« Depuis trois grands jours, il chemine
Ce bon peuple, j'en ai pitié... »
Et le pain sous la main divine
A ces mots s'est multiplié.
Ainsi, chaque jour à ta table
Tu veux m'accueillir, ô mon Dieu,
Moi, créature misérable,
Moi qui le mérites si peu.

On voit le serviteur fidèle
Baiser la main qui le nourrit,
Et moi, je veux prouver mon zèle
A mon bien-aimé Jésus-Christ :
Que sa main douce soit bénie
Pour tous les dons qu'elle m'a faits,
Qu'à chaque instant ma voix publie
Ses largesses et ses bienfaits.

O toi qui jadis voulus naître
Dans un état d'obscurité,
Qui voulus souffrir, ô mon maître,
La faim, la soif, la nudité,

Pitié ! pitié ! je t'en supplie,
Pour le pauvre, mourant de faim,
Qui, le soir, encore mendie
Son noir premier morceau de pain.

Que dis-je ? c'est toi qui l'ordonnes,
C'est mon cœur qui le dit bien haut ;
Jamais le pain de mes aumônes
Au pauvre ne fera défaut.
Et la sublime providence
Sur moi veillera chaque jour,
M'abreuvera de l'espérance,
Me nourrira de son amour

LXXIX

HYMNE DU SOIR.

AIR : N°. 52.

LE CHOEUR.

Nous t'avons offensé, Seigneur,
Nous avons méconnu tes bontés, ta puissance...
Père, nous osons implorer ta clémence :
Tu ne fus jamais sourd à la voix du pécheur.

RÉCITATIF.

Malheur à l'ingrat qui t'oublie,
A l'enfant qui dédaigne un père, un Dieu si doux !
Seigneur, je pleure à tes genoux,
Avec regret mon cœur te crie :
Nous t'avons offensé, etc.

La nuit me couvre de son aile,
Dois-je du lendemain voir l'astre se lever ?..
Du moins, daigne me préserver,
Seigneur, de la nuit éternelle.
Nous t'avons offensé, Seigneur,
Nous avons méconnu tes bontés, ta puissance...
O père, nous osons implorer ta clémence :
Tu ne fus jamais sourd à la voix du pécheur.

LXXX.

HYMNE DU MATIN. (1)

AIR : N° 54.

Tandis que le sommeil, réparant la nature,
    Tient enchainés le travail et le bruit,
Nous rompons ses liens, ô clarté toujours pure,
    Pour te louer dans la profonde nuit.

(1) Cette hymne, toute empreinte de la fraîcheur des psaumes est de M. Plantade père, qui m'a permis d'en enrichir mon recueil.
Je suis heureux et fier de publier ici que ce célèbre maître a voulu adapter sa musique au plus grand nombre de mes strophes, et de lui en exprimer hautement toute ma reconnaissance.

Que dès notre réveil, notre voix te bénisse,
    Qu'à te chercher notre cœur empressé
T'offre ses premiers vœux, et que par toi finisse
    Le jour par toi saintement commencé.

L'astre dont la présence écarte la nuit sombre,
    Viendra bientôt recommencer son tour :
O vous, noirs ennemis qui vous glissez dans l'ombre,
    Disparaissez à l'approche du jour.

Nous t'implorons, Seigneur, tes bontés sont nos armes,
    De tout péché rends-nous purs à tes yeux :
Fais que t'ayant chanté dans ce séjour de larmes,
    Nous te chantions dans le repos des cieux.

FIN.

ERRATA.

Page 1ʳᵉ, ligne 1ʳᵉ, au lieu de pourrai-je dédier, lisez : *pourrais-je dédier.*

Page 1, ligne 12, au lieu de j'ai voulu chanter, lisez : *j'ai voulu, dans mon enthousiasme, chanter.*

Page 10, vers 6, au lieu des fleurs avec amour, lisez : *des pleurs avec amour.*

Page 15, vers 5, au lieu de fleur du matin, lisez : *fleurs du matin.*

Page 17, vers 16, au lieu de à ses loisirs, lisez : *à son loisir.*

Page 22, vers 24, au lieu de avec celle, lisez : *avec celles.*

Page 52, vers 1, au lieu de jour d'angoisses, lisez : *jour d'angoisse.*

Page 46, vers 4, au lieu de mais un esprit, ange de lumière, lisez : *mais un esprit, un ange de lumière.*

Page 60, vers 4, au lieu de la douleur, lisez : *la douceur.*

Page 63, vers 5, au lieu de rmé ta paupière, lisez : *fermé ta paupière*.

Page 64, vers 15, au lieu de Judas sèche, lisez : *Juda sèche*.

Page 86, vers 6, au lieu de tu seras heureux, lisez : *tu seras heureuse*.

Page 96, ligne première, au lieu de opur, lisez : *pour*.

Page 164, vers 14, au lieu de se rouvre encore, lisez : *se rouvre encor*.

Page 244, vers 3, au lieu de père, nous osons, lisez : *ô père, nous osons*.

TABLE GÉNÉRALE DES MATIÈRES.

A LA MEILLEURE DES MÈRES.

LIVRE PREMIER.

NUMÉRO :
des chants.—des airs.

I	1 et 42	Bonheur de la vertu. Page	5
II	6	Tourmens du pécheur . .	9
III	2	Premier soupir	15
IV	23	Sommeil de l'innocence .	15
V	5	Aumône.	19
VI	7	Proficiscere anima christiana.	24
VII	14	Lampe du sanctuaire . .	26
VIII	59	Profession d'une jeune religieuse	29
IX	15	Dies iræ	52
X	19	NOEL. Messe de minuit .	55
XI	55	— de l'aurore.	57
XII	23	— du jour.	59
XIII	1	Dernier jour de l'année.	41
XIV	14	Premier jour de l'an . .	45
XV	5	Saint Nom de Jésus . .	45
XVI	8	Jour des Cendres . . .	50
XVII	21	Au Dieu des miséricordes.	54
XVIII	6	Passion.	57

XIX	2	Pâques. Jésus le grand captif.	64
XX	48	— Il est ressuscité.	65
XXI	44	A la Croix	66
XXII	50	Ascension.	69
XXIII	59	Pentecôte.	74
XXIV	29	Confirmation	75
XXV	28	Fête-Dieu.	79
XXVI	58	Sacré-Cœur	82
XXVII	44	A l'Ange Gardien. . .	84
XXVIII	42	Toussaint. Vous qui coulez	87
XXIX	55	— O d'Israël. .	94
XXX	29	Jour des morts. . . .	95
XXXI	42	Inauguration d'une église	96
XXXII	8	Bénédiction.	101
XXXIII	5	Offertoire	104
XXXIV	22	Élévation. O vous . .	106
XXXV	44	— Descends des cieux.	108
XXXVI	2	— Il vient porté.. .	109
XXXVII	20	— Un Dieu paraît. .	110
XXXVIII	9	— Jésus, mon . .	112
XXXIX	27	Communion. Voici . .	114
XL	55	— Vous qui du haut..	116
XLI	24	Soupirs d'un jeune communiant.	118
XLII	4	Première Communion. .	124

LIVRE SECOND.

HYMNES A LA SAINTE VIERGE.

XLIII	16	A toi Marie	141
XLIV	20	Angelus. Entendez l'angelus.	144
XLV	18	— A genoux . .	147
XLVI	26	Consécration à Marie. .	149
XLVII	25	Saint Nom de Marie . .	152
XLVIII	55	Nativité. Terre, asyle .	155
XLIX	56	— Cieux et terre .	158
L	28	Annonciation	160
LI	41	Calvaire	165
LII	5	Mater dolorosa . . .	166
LIII	54	Mois de Marie . . .	172
LIV	19	Notre-Dame de bonne mort.	175
LV	40	Assomption	177
LVI	10	Ora pro nobis . . .	180
LVII	57	Daigne agréer. . . .	182
LVIII	25	Je vous bénis	184
LIX	4	Saint cœur de Marie. .	186

LIVRE TROISIÈME.

CHANTS DIVERS, APPROPRIÉS A DES MAISONS D'ÉDUCATION

LX	18	Bénissez le Seigneur. .	195
LXI	17	Rentrée des classes. . .	195
LXII	59	Veni, sancte Spiritus .	199
LXIII	17	Sub tuum præsidium. .	201
LXIV	55	Promenade.—Invocation	203
LXV	17	—Viens, mon enfant. .	205
LXVI	15	—Action de grâces . .	213
LXVII	7	Avant la distribution des prix.	216
LXVIII	15	Après la distribution. .	218
LXIX	54	Les vacances	220
LXX	55	Visite épiscopale . . .	224
LXXI	40	Visite d'une supérieure .	227
LXXII	54	Fête d'un curé — Digne.	229
LXXIII	55	—Déjà l'été.	231
LXXIV	55	Compliment de première communion. . . .	233
LXXV	58	A une mère.	235
LXXVI	6	Canta et ambula . . .	237
LXXVII	40	Avant le repas. . . .	239
LXXVIII	59	Agimus tibi gratias. . .	241
LXXIX	52	Hymne du soir . . .	244
LXXX	51	Hymne du matin. . .	246

TABLE DES CHANTS DU CŒUR,

D'APRÈS L'ORDRE ALPHABÉTIQUE.

NUMÉRO :
des chants- des airs.

XLV	18	A genoux	Page 147
XLVI	26	Allons, vierges chrétiennes	149
XLIII	16	A toi Marie.	141
XI	55	Bannissez vos alarmes .	57
LX	18	Bénissez le Seigneur . .	195
LXVIII	15	Ces couronnes de fleurs. .	218
XLIX	56	Cieux et terre, admirez.	158
LVII	57	Daigne agréer. . . .	182
XXV	28	Dans le délire . . .	79
L	28	Dans sa cellule. . . .	160
LIV	19	D'effroi que mon ame .	175
LV	40	Déjà l'antique chapelle .	177

LXXIII	55	Déjà l'été	251
XXXV	11	Descends des cieux . .	108
LIII	54	De ses fleurs	172
LXXII	54	Digne pasteur. . . .	229
XV	5	D'où vient ce nom sacré.	45
VIII	59	D'où vient cette voix. .	29
XIV	14	Encore une nouvelle .	43
LXXVII	40	Enfans, bénissez . . .	259
LXI	17	Enfans, le soir . . .	195
XLIV	20	Entendez l'Angelus . .	144
LXVI	15	Grand Dieu, nous . .	215
I	1 et 42	Heureux celui . .	5
XX	18	Il est ressuscité. . . .	65
XXXVI	2	Il vient porté	109
XII	25	Jésus est né.	59
XIX	2	Jésus, le grand captif. .	61
XXXVIII	9	Jésus, mon seul bonheur.	112
LXIX	54	Jeunes enfans, vos jours.	220
XXXIII	5	Je vois Jésus	104
LVIII	25	Je vous bénis	184
IX	15	Jour de deuil	52
XVI	8	La fleur des champs . .	50
X	19	La nuit sombre. . . .	55
V	5	La saison des frimats . .	19
XVIII	6	La terre a tressailli. . .	57

XXX	29	L'épouse du Seigneur . .	95
LXVII	7	Le soleil s'est levé. . .	216
XIII	1	Le temps sur ses ailes. .	41
LXXI	40	Le voici qui vient d'éclore.	227
XXIII	59	Lorsque le Sauveur . .	74
II	6	Malheur ! malheur ! . .	9
XXII	50	Mon ame sèche. . . .	69
XXVII	41	Mon cœur est triste . .	84
XVII	21	Mon cœur ingrat . . .	54
LXXIX	52	Nous t'avons offensé. . .	244
XXIX	55	O d'Israël.	91
VII	14	Oh ! dis-moi . . .	26
XLII	4	O jour le plus beau. . .	121
LXIV	55	O le meilleur des pères.	205
XLI	24	O toi dont mon ame . .	118
XLVII	25	O vous dont la blancheur.	152
LXII	59	O vous dont la douce . .	199
LIX	4	O vous dont l'ame. . .	186
XXXIV	22	O vous qu'un feu sacré .	106
VI	7	Partez, ame chrétienne.	24
XXIV	29	Peuples, où courez-vous	75
LI	41	Pourquoi Jésus . . .	169
LXXV	58	Pour soigner votre enfance	255
LXX	55	Prélat pieux.	224
LVI	10	Priez pour nous . . .	180

LXXVI	6	Quand le courroux . .	237
LXXVIII	59	Quand les peuples	241
IV	23	Seigneur, je dors. . .	15
XXXII	8	Seigneur, mon cœur. .	101
XXXI	12	Tandis que le siècle . .	96
LXXX	51	Tandis que le sommeil .	246
XXI	41	Tandis que l'homme . .	66
XLVIII	55	Terre, asyle	155
XXXVII	20	Un Dieu paraît. . .	110
XXVI	58	Une voix pure. . .	82
LXXIV	55	Venez, troupe. . .	255
III	2	Vers qui s'exhalent. . .	15
LXV	17	Viens, mon enfant. . .	205
LXIII	17	Vierge sainte	204
XXXIX	27	Voici le moment. . .	114
XXVIII	12	Vous qui coulez . . .	112
XL	55	Vous qui du haut . . .	116
LII	5	Vous qui passez. . . .	166

FIN DE LA TABLE

www.ingramcontent.com/pod-product-compliance
Lightning Source LLC
Chambersburg PA
CBHW060229190426
43200CB00040B/1687